掌尚文化

Culture is Future

尚文化·掌天下

Research on Digital Content Marketing Communication Ecology Based on Symbiosis Theory

本书受到金陵科技学院高层次人才科研启动项目（项目编号：jit-b-202145）和江苏省高等教育学会教改项目等的资助。

基于共生理论的

数字内容营销传播生态研究

张晓丽 著

经济管理出版社
ECONOMY & MANAGEMENT PUBLISHING HOUSE

图书在版编目（CIP）数据

基于共生理论的数字内容营销传播生态研究/张晓丽著 . —北京：经济管理出版社，2022. 12

ISBN 978-7-5096-8847-2

Ⅰ.①基…　Ⅱ.①张…　Ⅲ.①网络营销—研究　Ⅳ.①F713.36

中国版本图书馆 CIP 数据核字（2022）第 241122 号

组稿编辑：张　昕
责任编辑：张　昕
责任印制：黄章平
责任校对：王淑卿

出版发行：经济管理出版社
　　　　　（北京市海淀区北蜂窝 8 号中雅大厦 A 座 11 层　100038）
网　　　址：www. E-mp. com. cn
电　　　话：（010）51915602
印　　　刷：唐山昊达印刷有限公司
经　　　销：新华书店
开　　　本：720mm×1000mm/16
印　　　张：13. 25
字　　　数：203 千字
版　　　次：2023 年 12 月第 1 版　　2023 年 12 月第 1 次印刷
书　　　号：ISBN 978-7-5096-8847-2
定　　　价：98. 00 元

前　言

　　随着数字技术和数字经济的迅速发展，以创意、内容、版权为核心，涵盖游戏、文学、影视、动漫、音乐、直播、衍生品等多元文化形态的数字内容产业正在成为不断融合渗透相关产业领域的新型产业。数字内容产业、文化创意产业、创意经济等概念成为我国新时代的高频词，成为顺应"互联网+""科技+"新趋势，驱动新时代数字经济发展的重要产业。

　　数字内容产业作为数字创意经济的重要支柱，在国民经济发展、国家软实力构建上发挥着举足轻重的作用，是国家文化建设和文化战略的重要支点。成为当今世界许多国家重点发展的产业，英国、美国等欧美国家以及日本、韩国、新加坡等亚洲国家都积极布局数字创意产业，全球数字内容产业呈现出蓬勃发展的态势。

　　数字内容产品的多样性带来了图文、音频、视频、直播等多种数字内容消费形态，促进了媒体、广告等产业的发展与更新。数字内容营销传播在我国实践中的创新和发展日新月异，随着越来越多的品牌主选择使用数字内容进行营销传播，如何与方兴未艾的数字内容生态融合共生，是品牌主和整个广告行业正在探索的重要议题。数字内容产业不仅为品牌提供了更加立体的营销传播渠道，而且从战略层面为品牌提出了共生共荣的新要求，为品牌主开展全新的营销传播探索提供了新思路。

　　本书基于产业融合的视角，从生态学的角度分析数字内容产业通过核心创意内容带动广告业的营销传播融合的实践和趋势，梳理数字内容营销传播的规律和机制。在移动互联网场景下，网络文学、游戏、影视、动漫、音乐等数字内容表现为以 IP 数字内容为核心，以大数据、人工智能、创新设计等新技术为支撑，多领域交互融合、相互渗透的典型特点，文化内容产业与广告业相互重叠、彼此共生，在产业发展和产业融合上呈现出具有中国特色的新图景。数字内容营销传播是数字营销时代的新产物，以创意内容为核心，以"粉丝经济"为模式的生态化运营体系正在形成，这一模式和体系正在颠覆传统的商业结构，重塑产业生态并展现出较高的传播效率和全新的生态格局，正在深刻地影响当下的营销理念和传播模式，数字内容产业生态的形成和升级引发了品牌营销传播生态圈的重构，内容与广告的融合日趋深入。

本书引入生态学理论，使用多案例研究、内容分析、深度访谈等研究方法，建构了数字内容营销传播生态圈模型，梳理剖析数字营销传播语境下品牌主、用户、内容平台方、代理方、平台服务方等各要素之间的生态关系。通过生态因子和生态位等生物学概念，厘清生态圈内的圈层构成和关系结构，各生态系统相互联系、相互影响，多个生态因子通过核心的内容生态系统释放出更大的价值、获得更大的收益。居于核心地位的数字内容生态系统通过与扩展生态系统共生，其增长空间得以扩容并显示出前所未有的资本吸附和资源整合能力。

本书以生态圈为主要架构，以共生理论为基础，探讨数字内容生态变化带来的品牌营销传播生态的改变，以数字内容和品牌的共生关系为切口，洞察和解析在互联网产业的变革下数字内容营销传播生态圈的现状和趋势。全书共分为七章：第一章阐述了研究背景、研究意义、研究思路和研究方法。第二章就涉及的相关理论进行界定，并对相关文献进行梳理和评述。第三章建构了数字内容营销传播生态圈模型并由外而内地解析其构成，首先从最外部圈层开始剖析外部环境生态系统，分别从政治、经济、社会文化、科技等方面展开分析。其次分析了扩展生态系统，分析品牌主、内容平台方、代理方、平台服务方等作为营销传播参与要素在生态圈中的位置与相互关系，解析内部核心圈层的内容生态体系和用户生态体系。第四章以生态圈中的数字内容和品牌主的关系为切入点，从宏观上提出了数字内容营销传播的战略管理模型，并建构了前期合作价值评估"六力模型"和事后传播效果评估"黄金三角评估模型"。第五章针对具体的数字内容营销传播策略进行研究，提炼出主要的共生模式，并以西方跨媒介叙事原则为理论框架，提出数字内容营销传播的七大策略。第六章分析了共生风险，从品牌战略管理角度分析品牌数字内容营销传播时可能引发的外部环境风险和内部管理风险。第七章从生态协同进化角度分析了数字内容生态的行业变革和共同进化趋势。最后进行了总结，并对今后可能的研究进行了展望。

本书尝试为品牌营销传播研究引入生态学理论框架，通过建构数字内容营销传播生态圈模型，为立足本土的实践成果研究提供理论支撑；在实践上为业界提供了理论基础，本书在品牌战略管理的视角上，以共生理论为依据提出了数字内容营销传播战略模型和共生模式，探讨 IP 在组织内部架构和外部营销传播等方面带来的影响。

如今，数字内容产业的发展一日千里，本书撰写匪朝伊夕，难避探讨不及，恐存疏漏滞后之语，还望各位专家学者批评指正。

是为序。

张晓丽

2022 年 6 月

目　录

第一章 绪 论

第一节 研究背景与研究意义

一、研究背景

（一）数字内容产业生态初步形成并不断升级

数字内容产业在全球数字化背景下应运而生，随着信息技术及互联网的迅速发展而逐渐形成，该产业以数字技术为基础支撑，以创意、内容、版权为核心，涵盖游戏、文学、影视、动漫、音乐、直播、衍生品等多元文化形态，正在成为不断融合渗透相关产业领域的新型产业。数字内容产业、文化创意产业、创意经济等概念成为我国新时代的高频词，成为顺应"互联网+""科技+"新趋势驱动数字经济发展的重要产业。数字内容产业是当今世界许多国家的重点发展产业，英国、美国等欧美国家，日本、韩国、新加坡等亚洲国家积极布局数字创意产业，全球数字内容产业正呈现出蓬勃发展的态势。

随着互联网发展进阶，人口红利时代成为过去式，数字内容产业正在从单体竞争转向生态性竞争。越来越多的企业采用连接和开放的战略进入数字内容产业市场，这使得开放协同、共荣共生的数字内容产业生态构建成为可能。中国新闻出版研究院发布的《2019—2020 中国数字出版产业年度报告》显示："2019 年，我国国内数字出版产业整体收入规模为 9881.43 亿元，较上年增长 11.16%。2020 年,中国游戏国内市场整体收入 2401.92 亿元,游戏海外市场整体收入 154.50 亿美元,网络文学、数字阅读整体收入达 600 亿元,数字音乐产业达 700 亿元。2020 年产业规模超万亿元,溢出效应更大。"① 数字内容产业代表了一种连接思维和开放战略,各互联网平台积极构建数字内容产业布局,腾讯率先全面布局生态圈,推出腾讯文学、腾讯电影、腾讯动漫等业务平台,构造了一个文学、影视、游戏、戏剧、音乐、衍生品等多种文创产业领域互相连接、共荣共生的内容新生态。此后,诸多互联网企业纷纷效仿开展数字内容产业战略布局。目前,阿里巴巴、百度、爱奇艺、糯米电影、三七互娱等多家企业基本完成布局,成为生态化运营的龙头企业,引领着数字内容行业的新业态,与其他内容方一起,共同组成了开放、协同、共融共生的数字内容生态系统,该系统包括以百度视频为核心的专业生产(PGC)内容生态、以爱奇艺为核心的影视内容生态、以三七互娱为代表的网络游戏内容生态等。

数字内容产业包括网络文学、网络游戏、动漫、短视频、直播、数字音乐,日渐成为我国数字经济的重要支柱与新经济发展的重要引擎,数字内容产业作为一个新兴产业正在成为各发达国家的一项重要战略决策。2021 年,中国信息通信研究院发布的《全球数字经济白皮书》显示,2020 年我国数字经济规模近 5.4 万亿美元,居全球第二位,同比增长 9.6%,增速位于全球第一。作为数字经济重要组成部分的数字内容产业也作为一个新兴产业被世界瞩目,成为各国竞相布局的新型战略。

数字内容产业是科技与文化融合的未来产业,关系到未来在国际市场上的主动权。根据 Rresearch 和 Markets 的预测,2020—2024 年,全球数字内容市场规模将增长 5198.3 亿美元,其间年复合增长率为 15%。文化多业态融合和联动成为数字内容产业的发展趋势,以文学、动漫、影视、音乐、游戏、

---

① 张立 . 2019—2020 中国数字出版产业年度报告 [M] . 北京:中国书籍出版社,2020.

衍生品等多元文化娱乐形式内容组成的数字内容生态系统初步形成。因为受众市场的相似性和相近性，各细分系统之间的边界逐渐模糊，"IP 成为产业上游的核心环节，多元文化娱乐形态由最初的独立发展逐步升级过渡到产品联动、互相融合开发、共享全产业经济收益的阶段"。① 在数字经济驱动下，我国各产业都在转型升级，数字内容产业吸纳了大量资本和人才，呈现出日新月异的发展态势，日趋走向产业升级和多业态融合。

如图 1-1 所示，CNNIC 2022 年 2 月发布的第 49 次《中国互联网络发展状况统计报告》数据显示：2021 年 12 月，我国网络视频（含短视频）用户规模达 9.75 亿，其中短视频用户规模为 9.34 亿，占网民整体的 90.5%；网络直播用户规模达 7.03 亿，占网民整体的 68.2%。其中，电商直播用户规模为 4.64 亿，占网民整体的 44.9%；游戏直播用户规模为 3.02 亿，占网民整体的 29.2%；体育直播用户规模为 2.84 亿，占网民整体的 27.5%；真人秀直播用户规模为 1.94 亿，占网民整体的 18.8%；演唱会直播用户规模为 1.42亿，占网民整体的 13.8%。

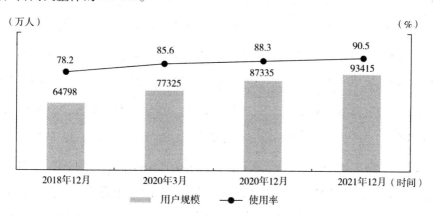

图 1-1 2018 年 12 月至 2021 年 12 月我国短视频用户规模统计

资料来源：中国互联网络信息中心第 49 次中国互联网络发展状况统计报告［EB/OL］.［2022-02-25］. http：//www.cnnic.net.cn/hlwfzyj/hlwxzbg/.

---

① 王艳. 论网络时代泛娱乐全产业链创意建构——以浙产 IP 盗墓笔记为案例的研究［C］//2017 年中国创意设计峰会论文集，2017：3-16.

数字内容产业已从最初的互动娱乐形式逐步发展到以 IP（Intellectual Property）为核心的数字内容产业生态体系，数字内容产业生态体系代表着 IP 循环和长远价值实现的发展方向。数字内容产业生态体系建立在内容产品在多元文化娱乐形态之间迭代开发的基础上，可以降低前期风险，减少边际成本，扩大受众范围，提高投资回报率，实现产品的长尾价值，获得规模效应，是一项促进产业融合的朝阳产业。

（二）内容消费升级下数字内容产业推动新经济发展

数字内容产业的兴起和发展带来了信息生产和传播方式的改变，尤其是数字内容产品的多样性带来了图文、音频、视频、直播等多种数字内容消费形态，促进了媒体、广告等产业的发展更新。随着数字技术在营销内容上不断升级迭代，不同形态的数字内容不断交融，成为数字内容产业的重要组成部分。秒针科学院联合全球数字营销峰会（Global Digital Marketing Summit，GDMS）、媒介 360 共同发布的《2022 中国数字营销趋势报告》数据显示：2022 年中国数字营销预算平均增幅为 19%，与企业整体营销预算增长 19% 一致，仍保持高增长态势。分媒介资源类型来看，移动端仍是广告主营销投资的主要选择，73% 的广告主表示将增加移动互联网的投放，在互联网端分资源类型的投放中，短视频、社交媒体和电商媒体位列第一阵营，加大短视频、社交媒体和电商媒体投放的广告主比例高达 79%、77%、57%，KOL 广告和短视频依旧是广告主 2022 年社会化营销重点。在各广告形式的投放中，具备转化和带货能力的 KOL 广告、短视频位列第一梯队，增加 KOL 广告和短视频投放的广告主比例达 70%、69%。在营销技术的应用方面，目前内容标签化技术应用程度最高，达 65%。未来两年，AI 广告创意、线下广告程序化投放、内容智能分发与推荐应用潜力较大。①

---

① 中国数字营销趋势报告发布，2022 年中国市场营销投资预计增长 19%〔EB/OL〕. https：// baijiahao. baidu. com/s？id＝1719195901920414576&wfr＝spider&for＝pc.

正如曼纽尔·卡斯特在《网络社会的崛起》① 中所说：网络社会的崛起以及随之形成的新社会经济和文化模式，其核心是以脑力劳动为主，以信息传播技术（ICT）工具为手段，以数字内容资源为对象，以融合化的数字媒体网络为渠道，以知识经济为动力的文化数字内容新业态，这一新业态不仅是一种经济模式，也是一种新文化范式。中国传媒大学广告学院 IMI 市场信息研究所调查显示，国内城市居民消费水平随着可支配收入的大幅增长日渐提升，消费观念由大众消费转变为自我取向的个性消费，生活方式的多样化引发了大众消费市场的分化和裂变。目前，我国正迎来新的消费升级，消费者的消费类型从传统的生存型、物质型逐步转型至发展型、服务型等。互联网尤其是移动互联网的普及，改变了消费者的生活方式、娱乐方式和消费方式，民众的内容消费需求得到空前释放，随着内容生产和消费门槛的降低，消费者的生活正在与多元的数字内容产业生态日渐融合，生活和娱乐的界限被打破，不同类型的文化娱乐内容业态互联互通，催生了数字内容产业的蓬勃发展。习近平总书记在党的十九大报告中作出"中国特色社会主义进入新时代，我国社会主要矛盾已经转化为人民日益增长的美好生活需要和不平衡不充分的发展之间的矛盾"② 的重大战略论断，提出"满足人民过上美好生活的新期待，必须提供丰富的精神食粮"。这表明，文化内容产品需要升级迭代，以便满足人民日益增长的美好精神文化生活需求，文学、游戏、影视、音乐、动漫等领域互联共融发展的数字内容产业，为文化产业发展和国家文化建设注入了新活力，数字内容产业"不仅有力带动了新经济、新模式、新技术的发展和普及，更是我国社会主义特色文化建设的标志性成果"。③

① 曼纽尔·卡斯特. 网络社会的崛起［M］. 北京：社会科学文献出版社，2006.

② 新华社. 习近平：决胜全面建成小康社会 夺取新时代中国特色社会主义伟大胜利——在中国共产党第十九次全国代表大会上的报告［EB/OL］.（2017-10-27）［2022-06］. http://www.gov.cn/zhuanti/2017-10/27/content_5234876.htm.

③ 工信部. 2017 年中国泛娱乐产业白皮书［EB/OL］. IT 中文互联网数据资讯中心，http://www.199it.com/archives/644523.html.

2018 年《政府工作报告》提出"'互联网+'正广泛融入各行各业,大众创业、万众创新蓬勃发展,快速崛起的新动能,正在重塑经济增长格局、深刻改变生产生活方式,成为中国创新发展的新标志"[①]。报告指出要加强互联网内容建设,培育新型文化业态,加快文化产业发展,以中国特色社会主义文化的繁荣兴盛,凝聚起实现民族复兴的磅礴精神力量。报告强调了在传统产业被新经济重塑的过程中,加强互联网内容和文化产业新业态建设是推动经济发展和文化繁荣的重要举措。

(三)科技更迭下数字内容产业重构品牌营销传播生态

科学技术力量的驱动直接推动了数字内容产品和服务的迭代,有力地推动着内容产业格局的渗透和重构,以人工智能、大数据、AR/VR 技术为代表的新技术不断创新并被迅速应用到数字内容产品研发中,在生产和消费的实践中不断迭代,形成了场景多元、品类多样的产品。

2016 年以来,随着互联网经济的"人口红利"消失殆尽,流量增速放缓,各行各业注重提高效率、降低成本并更加重视"双赢",数字经济和实体经济开始探索融合。随着大数据、云计算、人工智能、5G 等技术的迅猛发展,数字内容产业以其跨越产业边界的特性,正在作用于各个行业,重构着品牌营销传播生态。《2022 中国数字营销趋势报告》数据显示,品牌广告主在数字营销上的费用投入占总营销费用比例的均值连续两年超过 50%(见图 1-2)。谷歌母公司 Alphabet 发布的 2021 年第四季度财报和 2021 年全年财报显示,Alphabet 第四季度营业收入为 753. 3 亿美元,其中总广告收入为 612. 4 亿美元,比上年同期增长 45. 8%,其中 YouTube 广告收入为 86. 3 亿美元,与 2019 年第四季度的 69 亿美元相比增长了 25%。根据这一数据可以看出,Alphabet 在 2021 年第四季度的广告收入占总营业收入的比例超过 81%,YouTube 数字内容营销领域发展迅猛。

---

① 王晓涛. 新动能壮大需要更加静心"培育"[EB/OL]. 中国经济导报,(2019-03-08)[2022-06]. http://www.ceh.com.cn/epaper/uniflons/html/2019/03/08/03/03-47.htm.

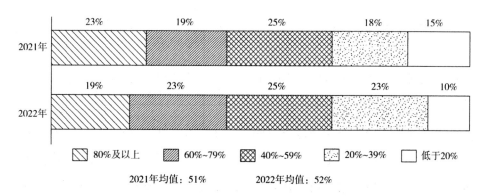

图1-2 2021—2022年中国品牌数字营销费用占总营销费用的比例

资料来源：笔者根据亿欧智库、《2022中国数字营销趋势报告》数据绘制。

随着越来越多的品牌主选择使用数字内容进行营销传播，如何与方兴未艾的数字内容生态融合共生，是品牌主和整个广告行业正在探索的重要议题。数字内容产业不仅为品牌提供了更加立体的营销传播渠道，而且从战略层面为品牌提出了共生共荣的新要求，为品牌主开展全新的营销传播探索提供了新思路。数字经济时代，互联网媒体下用户交往角色重叠、内容生产去中心化，内容生成的专业把关式微，群体之间的知识模式多元化导致了营销传播路径被重塑，直播、短视频等新的数字内容平台和内容形式日新月异，成为重要的流量入口，自媒体内容百花齐放，MCN模式兴起，内容生态多元化，为品牌提供了不同于以往的更立体的营销传播渠道。此外，如何借用数字内容塑造品牌形象、传递品牌价值观、维护品牌关系、积累品牌资产是诸多品牌正在探索的方向。数字内容产业推动了品牌主、内容生产方、平台方因内容和粉丝走向合流。这些变化让经历了4P、4C、IMC几个发展阶段的品牌营销传播迎来了基于品牌关系的全新时代，品牌主在关系导向下注重品牌与消费者之间的情感沟通和价值共创，这些都在与数字内容的共生中得到了有效反馈，数字内容生态和品牌营销传播生态二者互相哺育，开始了共生共赢、共同进化之路。

（四）数字内容产业是国家文化建设和国家传播战略的重要支点

"数字内容产业"（Digital Content Industry）一词最早出现在2006年发布

的《中华人民共和国国民经济和社会发展第十一个五年规划纲要》（以下简称"十一五"规划纲要）中，这是在国家文件中首次出现该词，鼓励数字内容产业发展被首次明确提出，此后在《中华人民共和国国民经济和社会发展第十二个五年规划纲要》（以下简称"十二五"规划纲要）和相关政府文件中屡被提及。2016年在国务院发布的《"十三五"国家战略性新兴产业发展规划》（以下简称《规划》）中将数字创意产业与生物产业、高端制造业、绿色低碳产业、新型信息技术共同列入国家五大新型支柱产业。《规划》为数字创意产业提出了创新技术装备、丰富内容和形式、提升设计水平、推进与其他行业的合作发展四个发展原则，确定了数字创意产业的战略布局和发展方向。数字内容产业作为战略性新兴产业的发展规划的重点产业之一，发展势头迅猛。数字内容产业从概念、逻辑到体系和生态迅速进化，作为一种"文化融合动员力"，在国家文化建设、提升国家文化软实力上发挥着重要作用，数字内容产业对民族文化振兴、国家核心价值观的传播和巩固等具有重要的意义。

数字内容的生产和传播，数字内容产业的繁荣和发展，既是文化建设的支点，也是国家传播战略的一部分。《规划》中将文化强国作为建设目标，指出要加快发展现代文化产业，要推动传统文化产业转型升级，要推进文化业态创新，促进文化与其产业的融合，要推动"互联网+"和"文化+"发展战略，这些规划为数字内容产业提速升级提供了政策支持。在对外文化传播交流中，数字内容产业不仅在国际传播上发挥着重要作用，数字内容产业链上的网剧、动漫、网络文学等原创内容随着国家实力提升和"走出去"战略的深入实施，开始"出海"并进行国际布局，中国的数字内容产业不仅在中国本土市场异常活跃，而且正在走出国门并令世界瞩目。《2020年中国游戏产业报告》数据显示，2020年中国游戏市场实际销售收入2786.87亿元，同比增长20.71%，"游戏出海"规模进一步扩大，自主研发游戏在海外市场的实际销售收入为154.50亿美元，同比增长33.25%，增速同比提高12.3%，国际化水平进一步提升。① 2021 年 12 月 16 日中国音数协游戏工委（GPC）与中国游戏产业研究院联合发布的《2021 年中国游戏产业报告》显示："2021年，中国自主研发游戏海外市场实际销售收入达 180.13 亿美元，比 2020 年增加了 25.63 亿美元，同比增长 16.59%。"②

中国特色社会主义进入新时代，数字内容产业也将步入新的发展机遇期，数字内容代表了中国精神、中国风格和中国气质，"走出去"战略能极大地增强中华文化的影响力和传播力，中国的数字内容产业"经历了一个被世界重新认识的过程，国人的全民创作生态、十几亿本土受众市场异常活跃以及数字内容的转换能力、中国文化自身传统的丰富性将共同推动中国文化'走出去'的坚实步伐"。③ 主动参与到全球化市场中的中国数字内容产业，将在传播中国文化、讲好中国故事、塑造中国形象、增强中国在国际上的影响力方面起到重要作用。

二、研究意义

（一）立足中国本土的实践成果需要理论提升

在数字营销环境大变革的背景下，本土营销传播环境日新月异，媒介环境和互联网产业的繁盛使中国的营销传播展现出中国特色。此前，国外的相关理论更多结合西方或全球品牌营销传播现象和趋势展开研究，案例也多以国外为主。过去国内关于国内品牌营销传播的理论都来自西方，从 4P 营销理论到 4C 营销理论、整合营销传播（IMC），我们根据西方舶来的概念学习品牌营销传播理论，借鉴国外的经验进行国内的营销传播实践，西方的营销传播理论一直指引着我国相关领域的研究和实践。随着中国互联网尤其是移

　　① 人民网.6 家公司营收超百亿　2020 年游戏行业进入高速增长期．［EB/OL］．（2021-05-21）［2022-04-30］．https：//baijiahao.baidu.com/s？id=1700353988313626595&wfr=spider&for=pc.

　　② https：//baijiahao.baidu.com/s？id=1719278060833838246&wfr=spider&for=pc［N/OL］．北京商报．

　　③ 工信部．2018 年中国泛娱乐产业白皮书［EB/OL］．（2018-03-21）［2022-06］．https：//www.sohu.com/a/226062102_152615.

动互联网的迅猛发展，与西方相比，我国社交平台、电商平台、移动支付、短视频平台、自媒体等数字经济发展在国际上逐渐处于领先地位，甚至走出国门，进军国外市场，中国独有的互联网生态已经不是重走西方旧路，而是开辟出了中国特色的新路径、新业态、新模式，被新生态引领的营销传播正显示出立足中国本土的特质，在去中心化的媒体语境下，出现了中国独有的数字内容生产和宣发模式，随之出现的泛娱乐、IP 等源自中国本土的词汇，成为近几年火爆的词汇并被业界广泛应用，有其他词语取代不了的意义和语境，如泛娱乐一词偏重强调流通性和延伸性，强调不同形态的内容在战略层面、产业布局上的聚合性。类似这些新的具有中国本土特色的词汇成为代表中国新的营销传播现象的新词汇，在业界，这些词汇的内涵和外延日渐达成共识并成为无法被其他词语取代的高频行业词汇。在学术研究中，这些现象和领域值得更多学者开展准确的界定和深入的研究。在学术研究中，概念具有客观性、启发性、概括性、明晰性等特点，概念的功能在于理论建构，将实践层面的现象提升至概念层面便于更好地进行理论建构，也便于进行更深度的解析和指导实践，帮助我们重新审视繁杂的现象，从概念层面切中问题要害，该领域的新概念也亟须厘清。

互联网时代的数字内容凭借其高效的传播效率和独有的营销传播价值成为重要的营销传播载体，深刻地影响着当下新的营销理念和传播模式。然而，目前学界对数字内容并未有很明晰的概念界定和规范、深入、系统的研究，作为中国本土的实践成果，数字内容营销传播具有一定的研究价值和探索意义，西方与数字内容营销传播相关的概念有跨媒介叙事、跨媒体营销等，这一领域的研究已经在行业实践和学术研究中被应用或论述，但缺乏综合的跨学科研究。本书将以国内外相关理论为基础，深化数字内容营销传播这一本土概念的学术内涵和外延，并以此为基础为国内的品牌营销传播实践提供学术滋养。在国际传播层面，民族品牌与文化产业的共荣是信息时代国家软实力的重要体现，是传播中国文化的有效路径，习近平总书记提出要讲好中国故事，党的二十大报告指出，"增强中华文明传播力影响力，坚守中华文化立场、讲好中国故事、传播好中国声音，展现可信、可爱、可敬的中国形象，推动中华文化更好走向世界"。为塑造中国国家形象，增强中华文明传播力提出了明确要求。增强文化传播力，首先要在时、度、效上下功夫。因而不管是从产业角度还是从意识形态角度，源自本土的数字内容产业、IP 与品牌传播的关系研究都是一个值得重新审视的领域。

（二）为内容方和品牌主的传播实践提供理论依据

本书将以共生理论为框架，研究数字内容与品牌营销传播的关系，提出品牌数字内容营销传播的战略模型和具体策略。数字内容为品牌传播提供了前所未有的丰富内容和形式，被广泛应用于各种垂直、细分的领域和平台；同时，品牌主是数字内容产业"造血"、变现的主要通路之一，品牌主为数字内容提供了资本支持和版权变现路径，在进行数字内容营销传播的同时放大了内容的价值，两者唇齿相依，在合作中共同提升价值。二者共同依存构成粉丝经济，从品牌研究的视角，可以将其看作"消费者—品牌"关系，是一种相互信赖、相互依存的关系。同样，内容没有用户，数字内容产业也无法延伸，用户是两者共同获益的基础，两者借此建立了更加深入的合作关系和多元的合作模式，但在具体实践中合作方式和模式的不同会导致不同的合作效果。本书将运用共生理论，分析在合作中的合作类型及效果差异，为品牌主和内容方合作实践提供参照。

本书的研究意义在于：一方面，为数字内容数字价值变现、创意资源转化提供理论依据；另一方面，为品牌营销传播提供宏观生态视角下的战略谋划思路和营销传播策略建议。

（三）为品牌营销传播提供新的生态学视角分析

本书着眼于品牌数字内容营销传播生态圈的构成和关系，如产业链上的咨询公司组织架构、代理公司的服务类型、品牌营销传播理念与路径等都随之发生了改变，品牌与平台方、代理方的合作方式和关系演变也发生了一系列变革。越来越多的内容平台越过代理方，直接与品牌主对接，为其定制数字内容营销传播内容，有的电视台等传统媒体则利用客户资源，与抖音等平台方合作为客户开展数字内容营销传播策划或传播业务，而这些对传统的营销传播方式而言，是一种颠覆，是一种新趋势，这些趋势中存在哪些风险，以及对行业有哪些影响等都值得进行深入分析和探讨。

本书根据部分企业的调研做出梳理，建构了品牌数字内容营销传播生态圈模型，同时提出营销传播战略模型，为品牌主与数字内容资源合作提供参考，具有一定的实践指导意义。

第二节　研究思路和研究方法

一、研究问题与研究对象

本书主要围绕以下两个方面进行研究：

一是梳理界定数字内容、IP 和数字内容营销传播这些概念。什么是数字内容，它的营销属性和特征是什么？什么是 IP，它在组织架构和产业布局上产生了哪些影响？什么是数字内容营销传播，它与内容营销、娱乐营销有何关联？针对这些问题，本书将结合本土的品牌营销传播实践以及对本土业界的调研，从品牌的视角审视 IP 的价值，界定数字内容营销传播的内涵和外延，梳理数字内容营销传播的概念，归纳其特点并建构数字内容营销传播生态圈模型。

二是分析品牌主与数字内容二者的关系，并基于这个关系，提出品牌数字内容营销传播的战略模型和策略模型。按照传统的广告理论，广告是寄生的行业，然而当下是否依然如此？品牌主和数字内容之间有哪些组合模式，品牌主应如何选择内容，有没有科学的匹配模型，在合作时有哪些风险？本书围绕这些问题来分析品牌在数字内容营销传播时的战略模型和具体策略。

综上所述，本书以 IP、数字内容和数字内容营销传播的概念为起点，建构营销传播生态圈模型，探讨品牌与数字内容的合作关系，分析生态圈内媒体方、内容生产方、平台方、代理公司、用户等新的结构关系。

本书的难点和重点：一是定义品牌数字内容营销传播的内涵和外延，分析其特点；二是建构品牌数字内容营销传播生态圈模型并分析其构成和组成因子之间的共生关系以及共同进化的趋势；三是构建品牌数字内容营销传播的战略模型和提出传播策略。

二、研究方法

（一）案例研究

本书更多的是研究描述性问题，即"正在发生什么或发生了什么"，因而在选择研究方法时未选用实验法或问卷调查法，而是选择了案例分析这一研究方法，以理解现实世界的行为和现象，并激发新的研究。本书采用多案例研究和经典个案研究相结合的方法，以两个国内的内容营销奖项"金瞳奖"（2017—2019 年）和"金成奖"（2015—2019 年）获奖榜单上的获奖案例为样本库进行效标抽样，以"在两个榜单上获奖累计三次及以上"为基本条件进行抽样，共筛选出 22 个品牌，对其数字内容营销传播实践进行分析，梳理它们在营销传播策略上的规律，并将"弹个车"这一品牌作为个案进行研究。

（二）内容分析

通过调研，本书搜集并建立了数字文本资料库，包括今日头条、百度、微博、爱奇艺、抖音、腾讯、湖南卫视等各平台的营销通案、招商手册、结案报告，通过文本资料对各方的盈利模式、与品牌主的合作方式、内容生态体系的建构趋势进行研究，这些业界的实践文本资料为建构品牌营销传播生态圈模型提供了参照。

（三）深度访谈

本书主要采用非结构式访谈方法进行深度访谈，从相关的各领域收集了丰富、全面的调研资料，在访谈中获取了关于现状解读和趋势预判等重要资料。访谈领域主要分为四类：一是京东、苏宁等较有特色的生态型公司，通过深访了解平台方内容生态的布局现状和品牌主的营销动向等；二是有门互动、W 等新兴创意公司，通过深访了解这类公司的营销思路、内容生产和传播理念、人才需求等；三是一条、二更等短视频公司和恒一文化传播有限公司、北京蜜桃之星娱乐文化有限公司、南京头条、南京硬腿子、南京吃货团等新兴数字内容生产制作公司，通过深度访谈了解数字内容营销传播的现状和趋势；四是数据分析类公司，如艺恩、上海纬岭文化传播有限公司等，通过深度访谈了解第三方数据平台方的业务布局。笔者在以上四个领域深度访谈了各组织内的重要角色，如创始人、深度参与者等，通过精英访谈的方法，为本书厘清趋势、提出观点获取了一手资料。

第二章 概念界定、相关研究与理论基础

第一节 概念界定和概念辨析

一、数字内容营销传播的概念界定

要界定数字内容营销传播这一概念，首先要对数字内容营销传播的核心词"数字内容"进行梳理和界定，数字内容在英语中其对译词是"digital contents"，还有相关的概念如"digital media""content for digital media"等，从这些对译词来看，"数字"代表了媒介、技术、载体，"内容"是信息，结合在一起便是用新的载体和技术呈现的数字化的信息，内容的范畴较广，犹如空气般无处不在，文字、图片、视频影像、微博、电子书、歌曲、书籍、游戏、动漫等都是可以数字化的不同形式的内容。因此，数字内容是指通过数字技术进行编码的文字、图像、声音、动画等信息，通过数字媒体传输的资源总和[①]。数字内容是一个较宽泛的概念，会随着新技术和内容形式的变化不断扩充，不同国家和地区对其内涵和外延的界定各不相同，如中国台湾将数字内容分为内容软件、数字影音、电脑动画、数字游戏、网络服务、移

[①] 李冶江等. 数字内容管理［M］. 武汉：武汉大学出版社，2021：2.

动内容、数字出版典藏、数字学习等，韩国的数字内容包括出版、动漫、音乐、游戏、电影、广播等。不同领域的学者针对这个概念提出了不同的观点和看法：部分信息产业领域的学者认为，数字内容是内容的数字化，数字化图像、字符、音频、影像经由信息基础设施和营销渠道到达用户，是信息产业和服务的新兴产业类型，包括软件、数字出版、数字化教育、动画、游戏等。文化产业领域的学者认为，数字内容是互联网技术带来的文化产业的新业态，是一种具有文化概念的无形资产，是受知识产权保护的，是广义的知识产业的重要组成部分，具有高附加值、全产业链等特征。在本质上，数字内容具有"非物质化"的特征，因而其生产和消费不同于物质商品，兼具文化和商业的双重属性。在生产过程中，数字内容具有非重复性并受法律保护，创新和创意是数字内容的灵魂和价值源泉。在分配上，数字内容的流通成本低，可大规模复制和批量化生产、广泛传播，数字内容满足的是用户的精神需求，具有个性化的特征。营销传播领域的学者认为，数字时代带来的是技术、规则、市场的整体变革，内容的数字化传播对数字营销行业产生了广告交易制度、广告产品形态、营销理念等整个营销生态链的变革①。

数字内容营销传播"是指借助数字化平台进行的内容营销活动"②，其英语对译词是"digital content marketing communication"，其形式、样态、特点都与传统的营销传播有本质的区别。目前关于数字内容营销传播的定义，学术界尚未统一，内容营销（content marketing）在 1996 年被 Rick Doyle 在美国报纸编辑协会的新闻记者会上作为一个概念首次提出，是一个专业的研究对象和营销模式。Rose 和 Pulizzi 在 2011 年提出数字内容营销是一种专注于创造价值体验的营销战略，他们认为："数字内容营销是与客户建立感情联系，发布与客户息息相关并且有趣的内容，建立长期的情感关联，从而实现品牌

① 周茂君.数字营销概论［M］.北京：科学出版社，2019.
② 廖秉宜.数字内容营销［M］.北京：科学出版社，2019.

得到宣传或者最终销售成功的目的。"① Lorenz 则认为，数字内容营销需要对各类线上渠道进行整合，并通过一种不以推销产品为目的的方式为客户创建优质、有趣的内容。② Holliman 和 Rowley 在前人研究的基础上，将数字内容营销定义为及时地创造并分享有用的、相关的且吸引人的信息，从而营销利益相关者。③ 有创意的数字内容是营销传播活动的内核，数字代表了媒介、渠道、平台，数字内容营销传播是数字化技术在营销传播领域的应用体现。不同的学者从不同的研究视角围绕这一概念展开论述和讨论。

（一）数字内容营销传播的概念梳理与界定

通过文献梳理和分析，笔者将关于数字内容产业这一基础概念的观点分为"产业共生说""跨界说""生态说"等几种代表性观点。

"产业共生说"代表了一部分学者的观点，他们认为数字内容这一概念重在强调一种多领域共生的产业形态，数字内容产业是以内容资源为核心，基于互联网或移动互联网多领域共生的产业新模式。代表性的观点如孙守迁等认为数字内容、数字创意这些概念交互使用，"数字创意产业以数字技术装备和创新设计为基础的支撑要素，以文化创意、内容创作、版权利用在内的数字内容创新为核心发展方向，赋能与周边产业领域，并逐渐发展成为新兴产业集群"④，这一产业正在尝试在各领域创造新的应用业态，具有产业边界模糊和领域交叠的特点。熊澄宇和孔少华认为，数字内容产业是融合了出版与印刷、广播电视、音像、电影、动漫、游戏、互联网等多种媒体形态，

① Rose R, Pulizzi J. Managing Content Marketing: The Real-World Guide for Creating Passionate Subscribers to Your Brand [M]. Content Marketing Institut, 2011.

② Lorenz C. The Design Dimension: The New Competitive Weapon for Product Strategy and Global Marketing [M]. New Jersey: Blackwell, 1990.

③ Holliman G, Rowley J. Business to Business Digital Content Marketing: Marketers' Perceptions of Best Practice [J]. Journal of Research in Interactive Marketing, 2014, 8 (4): 269-293.

④ 孙守迁，闵歆，汤永川. 数字创意产业发展现状与前景 [J]. 包装工程，2019，40 (12): 65-74.

从事制造、生产、储存、传播和利用文化内容的综合产业。① 周志平认为，"数字内容产业是信息技术和文化创意高度融合的产业形式，涵盖数字游戏、互动娱乐、影视动漫、立体影像、数字学习、数字出版、数字典藏、数字表演、网络服务、内容软件等，主要是为三网融合、云计算、无线网络等信息技术和产业提供内容支撑的一种新型产业形态"。②

在"跨界说"中，部分学者或业界人士认为，数字内容体现了互联网背景下跨界连接的特征，跨界连接是利用大数据通过内容跨界实现数字价值的变现，在跨界中实现品牌与用户共创数字生态价值的目标。国外学者将数字内容产业视为"高新技术和新理念的新型知识集成产业，涵盖网络游戏、移动内容、电子书、线上学习、互联网广播和电子音乐等"③。数字内容产业被认为是最多变和发展最快的一个产业，其主要市场为影视及游戏，数字内容产业的协同工作流程需要专业信息和通信技术（ICT）能力的集成。④

在"生态说"中，部分学者认为数字内容产业是一种新的商业生态，正在影响着我们的生活与消费模式，是资本和各行业通过互联网重构的一种新生态。代表性的观点如李斌认为国外以 IP 生态为核心的泛娱乐产业已经是较为成熟的商业生态，是一种包含多元内容形态和变现路径的全产业链生态，国内随着文化消费水平的提升，互联网企业涉足数字内容产业，文学、影视、游戏、动漫、音乐等文化创意领域的 IP 生态日渐形成。⑤ 张立等认为："数字内容产业是结合文化创意与信息技术的多个细分领域交叉融合而成的产业

---

① 熊澄宇，孔少华. 数字内容产业的发展趋势与动力分析［J］. 全球传媒学刊，2015，2（2）：39-53.

② 周志平. 媒体融合背景下数字内容产业创新发展研究［M］. 杭州：浙江工商大学出版社，2017.

③ Yong G J, Sohn S Y. Structural Equation Model for Effective CRM of Digital Content Industry［J］. Expert Systems with Applications，2008，34（1）：63-71.

④ González-Rojas O, Correal D, Camargo M. ICT Capabilities for Supporting Collaborative Work on Business Processes Within the Digital Content Industry［J］. Computers in Industry，2016，80：16-29.

⑤ 李斌. IP 生态圈：泛娱乐时代的 IP 产业及运营实践［M］. 北京：中国经济出版社，2018.

群组，其边界包含的细分领域处于动态更迭中。"① 北京大学的向勇教授认为，数字内容是基于创意的内容产品，以数字内容为核心的"创意者经济是一种共享经济，主张共生、共创和共享，构建了内容层、渠道层、用户层串联起来的平台群，三层平台相互交织，真正意义上形成了一个互联网创意生态系统"。②

在以上观点的基础上，本书将数字内容的概念界定为：数字内容包括文学、游戏、影视、动漫、体育运动、音乐演艺、网络视频、直播等多领域的内容（见图2-1），数字内容产业是在移动互联网场景下，以IP为核心，以大数据为基础进行的多领域跨界连接、多领域共生的产业模式，这种模式是在粉丝经济的基础上通过全产业链运营和价值共创形成的，数字内容正在重构内容生态并发挥与其他产业共生、共创、共享的价值体系。

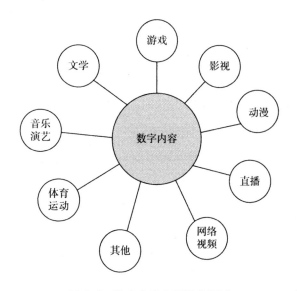

图2-1　数字内容主要细分领域

资料来源：姚海凤. 互联网+娱乐　泛娱乐产业崛起［J］. 互联网经济，2016（5）：34-39.

---

① 张立，吴素平，周丹. 国内外数字内容产业概念追踪与辨析［J］. 出版发行研究，2021（4）：43-47.
② 向勇. "创意者经济"引领数字文化产业新时代［J］. 人民论坛，2020（19）：130-132.

由于 IP 是数字内容产业的核心，下面结合相关研究对 IP 这一概念进行梳理和界定：数字内容中知名度较高、影响力较大、粉丝较多的内容，通常被业界称为核心 IP、大 IP 等。通过文献梳理学界、业界对 IP 的阐述，笔者认为，目前 IP 的概念主要分为"影响价值说""版权说""符号说""情感说""连接说""产业生态说"等几种观点。

"影响价值说"这一类观点主要强调在互联网时代到来后，IP 的影响力和价值在市场上的作用主要通过数据和流量来实现。代表性观点如尹鸿等认为："所谓的 IP，前面其实隐含了一个修饰词，它指的是一个有'影响力''有价值'的知识产权，IP 价值包括原 IP 的文本价值和 IP 的市场价值，这与原来的 IP 地址也有关联性，是互联网大数据和粉丝让 IP 真正彰显价值。"[①]周子钰认为："IP 不仅意味着文本，也意味着用户群，'用户'成为产业链条中大家最容易共识和判断的价值硬通货。"[②] 向勇和白晓晴认为"IP 是文化产业化进程中经济资本入注文化生产的产物。优质内容的明星 IP 具有广泛的受众基础和多元的开发价值，推动了文化经济的业态升级，老经典（Old Classic）、新经典（New Classic）和快时尚（Fast Fashion）都在文化价值和商业价值的双重维度上具有重要的产业价值和文化意义。"[③] 对于资本来说，有影响力和商业变现价值的内容是最有吸引力的，因此 IP 日渐成为资本青睐的对象。

"版权说"的观点偏重从 IP 最基础的定义来分析其内涵，强调 IP 在法律上享有的专有权和独占权，如蒋建华认为："IP 实际上是由生产者智力创造的、国家和法律赋予其专有权和独占权的精神成果，影视传播价值链核心的 IP 化，其实是强调影视作品的原创性、独创性，对实现其传播价值具有不可

① 尹鸿，王旭东，陈洪伟，等.IP 转换兴起的原因、现状及未来发展趋势［J］.当代电影，2015（9）：22-29.

② 周子钰.大众文化视野中的网络文学 IP［J］.文艺评论，2017（8）：119-123.

③ 向勇，白晓晴.新常态下文化产业 IP 开发的受众定位和价值演进［J］.北京大学学报（哲学社会科学版），2017，54（1）：123-132.

替代的重要作用。从价值生成的基本逻辑上说，这主要与影视产品传播技术、消费和生产的时代性变化有关。"①

持"符号说"观点的学者将 IP 定义为一个爆款可识别的符号，他们认为 IP 创造了新的营销传播话语体系，是有价值的稀缺符号。代表性的观点如安妮塔·埃尔伯斯认为，IP 是一个具有很强生命力和商业价值、能跨媒介运营的符号。② 张虹认为："超级 IP 就是有内容力和自流量的魅力人格，是万物互联时代个人化或个体化的'新物种'，是由系统方法论构建的有生命周期的内容符号。"③

"情感说"的观点强调 IP 承载了用户的情感，IP 通过情感快速匹配用户需求，聚拢用户。并非有知名度的内容都可以被称为 IP，用户情感共鸣是 IP 的核心元素，而"IP 热"与现代人在压力下需要释放和情感激发有关，通过 IP 可以在庞杂和分散的信息中找到实现用户需求快速匹配的高效路径："IP 可以快速聚拢核心用户，而且基于核心用户群影响更广泛人群，降低大众的选择成本。"④ 代表性的观点如程武和李清认为："IP 实质就是经过市场验证的用户的情感承载，或者是说在创意产业里面，经过市场验证的用户需求。"⑤

"连接说"的观点肯定了 IP 的连接价值，强调 IP 的核心内涵是基于互联网的各行业跨界连接、内容与粉丝连接、内容与社会连接，IP 因为其连接价值产生的效率成为资本和品牌青睐的对象。代表性的观点如吴声认为："IP 是全新的社会连接货币，是新的连接符号和话语体系，超级 IP 具备独特的内容能力、自带话题的势能价值、持续的人格化演绎、新技术的整合善用和更有效率的流量变现等特征。"⑥ 高德认为："IP 的核心内涵是跨媒介创意与内容营销，高价值 IP 是创意跨界、营销跨界、行业跨界三种不同概念融合而成

① 蒋建华. 融媒体语境下影视传播价值链的演变 [J]. 新闻界，2016 (6)：90-91.
② 安妮塔·埃尔伯斯. 爆款：如何打造超级 IP [M]. 杨雨，译. 北京：中信出版社，2016.
③ 张虹."互联网+"背景下服装品牌 IP 开发与运营研究 [J]. 丝绸，2017 (11)：37-43.
④⑤ 程武，李清. IP 热潮的背后与泛娱乐思维下的未来电影 [J]. 当代电影，2015 (9)：17-22.
⑥ 吴声. 超级 IP：互联网新物种方法论 [M]. 北京：中信出版社，2016.

的全新的商业模型，是思维聚合体，打破思维之墙，让市场与行业的边界变成无界，视线里全自由度的跨界。通过粉丝社群式的聚众效应，为 IP 运营商提供巨额利润。"①

持"产业生态说"观点的代表性学者如向勇和白晓晴认为，"IP 是文化产业化进程中经济资本入注文化生产的产物，优质内容的明星 IP 具有广泛的受众基础和多元的开发价值，推动了文化经济的业态升级"②。

根据以上几种观点，本书将 IP 的定义总结如下：IP 直译为知识产权，也称知识所属权，是指权利人对其智力劳动所创作的成果和经营活动中的标记、信誉所依法享有的专有权利，如发明、外观专利、文学和艺术作品、商业中使用的标志、名称图像等。IP 常常是基于互联网与移动互联网的多领域共生内容，是智力创造性劳动的成果体现，是劳动者依法享有的专有权利，是一种可以作为情感载体创造价值的粉丝经济，是可以带动各行业跨界融合的连接符号，兼具文化价值和商业价值的双重属性，是创意经济的核心，是驱动产业融合的重要内容。

在上述定义中，都强调了 IP 具有法律专有权、影响力、价值，且有粉丝群体，具有延展力，另外还可以降低用户的选择成本，作为符号承载情感和意义。这与品牌一样，都受法律保护且有归属，作为符号有连接价值和消费价值。因此，本书从品牌的视角对 IP 品牌的概念做如下定义：

IP 品牌是数字创意领域的内容品牌，IP 品牌是多样的，可以是一个人物，可以是一个形象，也可以是一个故事，须满足"广泛的影响力""庞大的粉丝群""可以转变为多种文化产品"等要素，有影响力、有价值、有情感承载、有粉丝基础的内容可以打造成 IP 品牌。IP 品牌具有深层次文化内涵，反映了价值观、人生观等，这些观念和文化属性让其具有较强的延伸力

---

① 高德. 超级 IP：互联网时代的跨界营销［M］. 北京：现代出版社，2016.
② 向勇，白晓晴. 新常态下文化产业 IP 开发的受众定位和价值演进［J］. 北京大学学报（哲学社会科学版），2017，54（1）：123–132.

和生命力，优质 IP 品牌可以跨界延伸，具备在各个层级上的变现能力，成为诸多传统产业的共生对象。

鉴于 IP 与数字内容营销传播常同时出现，下面对二者的关系做一个简要分析。如图 2-2 所示，数字内容产业链的起点是内容创作，核心是优质 IP，数字内容通过一个核心 IP 资源连接内容提供商与用户，也连接不同的行业，IP 在数字内容产业链中进行流转、互动，实现各方价值最大化，通过 IP 进行全产业链运营成为数字创意经济的新常态。

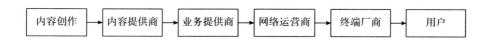

图 2-2　数字内容产业链模型

资料来源：周志平. 媒体融合背景下数字内容产业创新发展研究 [M]. 杭州：浙江工商大学出版社，2017.

（二）数字内容营销传播的概念

数字内容营销传播有两个外延：一是指数字内容本身的营销传播，如动画、游戏、影视、漫画等内容本体的营销传播；二是指品牌借助数字内容形式和内容进行营销，可以是品牌自制内容，也可以是品牌与其他内容的合作共生内容，二者发生关联的基础是粉丝经济。本书的界定和论述重点是后者，探讨品牌与内容的组合关系和共生生态。

在此，笔者对这一概念界定如下：数字内容营销传播是指品牌主使用数字内容资源进行的营销传播活动，是以 IP 内容为核心，着眼于全产业链生态布局的营销模式，常采用数字内容细分领域的文学、动漫、影视、音乐、游戏、衍生品、演出等多种内容形式，以这些内容为核心开展多种形式的营销传播活动（见图 2-3），通过这个过程为 IP 内容增值，打通产业链，达成与数字内容的价值共创和产业共生。品牌数字内容营销传播是以品牌关系为导

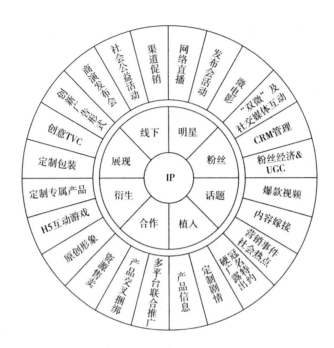

图 2-3　以 IP 为核心的数字内容营销传播轮状图

资料来源：笔者根据搜集的资料绘制。

向，以 IP 内容为沟通元进行内容传播和扩散，通过消费者的协同参与提升品牌传播效果，从而完成品牌建设。品牌通过数字内容在互联网和现实各场景在不同的用户圈层中传播、激活品牌与消费者的关系，最终建立起较为稳固的、可信赖的、有情感维系的品牌关系。数字内容包括并不限于目前的影视剧、网络综艺、微信、微博、动漫、短视频、直播、网络游戏等传播形式，各种内容不是在单独领域存在，而是跨界连接，多领域融通共生。数字内容营销传播是数字内容产业融合渗透的结果。

（三）数字内容营销传播的特点

1. 数字内容营销传播具有跨界性和流通性

数字内容产品在数字形态下呈现出前所未有的流通性，数字内容营销传播是借用数字内容去传播品牌或产品，以 IP 为基点进行聚合和布局，通过 IP

去主动地和有意识地突破传统行业壁垒，凝聚用户，构建关系，通过共享用户在网络文学、动漫、体育、游戏、音乐、影视等领域为品牌提供跨界营销传播渠道，因而数字内容营销传播常常不限于某一领域，而是借内容打通界限，突破边界，数字内容营销传播重在流通中延长价值链条，在多样化的生态中与异质产业共生，为参与方带来共赢的可能。数字内容营销传播是品牌在各细分领域渠道的不断融合、贯通，品牌价值随着内容在用户中的共享得以提升。

2. 数字内容营销传播具有聚合性和生态性

聚合包括用户的聚合、内容的聚合、产业的聚合。用户的聚合是粉丝经济的主要特征，粉丝用户的汇聚产生圈层传播力和裂变力；内容的聚合是指在数字创意产业领域，数字内容营销传播将 IP 内容作为聚合点，通过跨媒介叙事进行传播；产业的聚合是内容方、品牌方、代理方等的"多方聚合"。数字内容的资源整合、全产业链、全版权等理念为企业和营销或管理人员带来了系统的、全维度的生态思维，从内容本身的生态体系到各内容领域的生态体系再到与粉丝共创的生态体系，为各领域提出了新的命题和要求，未来的商业竞争是生态化的竞争，数字内容营销传播强调生态下物质能量交换的生态系统，打破次元和空间，打破人、物、地的关系，重在普惠共赢、生态布局。

3. 数字内容营销传播具有爆发性和裂变性

数字内容营销传播常常借助不同的媒介，通过流行内容或热议话题在不同的圈层中引爆舆论，信息爆发、裂变扩散成为其典型特征，"种草"、带货等成为直播、短视频、社交平台上营销传播的重要方式，带来了新的信息传播路径和消费场景。数字内容营销传播常通过品牌人格化、提炼文化内涵等方式实现粉丝群体主动分享，从而实现口碑裂变。

4. 数字内容营销传播具有协同共创性

协同共创包括粉丝参与的协同共创。粉丝经济下，消费者不仅是营销的目标和对象，也是口碑发起者、内容生产者、社群运营者，他们可以基于内容参与品牌传播内容的创作，投射情感，在品牌的内容生产和传播上具有协同性。数字内容营销传播实现了消费者与内容生产方、媒体、品牌方在内容中的合流，为营销传播带来了前所未有的开放、循环、共创的可能。

5. 数字内容营销传播具有共生性

在消费者注意力分散、品牌接触点呈几何级数增长的当下，品牌越来越重视与内容生产方和平台方的关系，不再只从自己的需求出发，而是以共同的优质内容为出发点，以此为品牌方和合作方建立与受众的联结点，提升品牌的曝光度和好感度，呈现出品牌与内容共同进化的趋势。

二、相关概念辨析

（一）数字内容营销传播与内容营销

被誉为内容营销之父的乔·普利兹创办的内容营销协会（CMI）这样定义内容营销："内容营销是一种通过生产发布有价值的、有相关性的和持续性的内容来吸引目标人群，改变或强化他们的行为，以促进商业转化的营销方式。"[1] 这一概念从品牌主的角度出发，强调内容的价值性、相关性和持续性，强调了内容产业的商业价值，从这一概念可以看出有价值的内容是内容营销的基础。随着数字营销时代的到来，内容营销成为诸多企业营销的重点，成为现代企业营销的重要方式。内容营销擅长用贴近消费者的创意传递品牌形象、品牌内涵，提升企业品牌价值并促进销售，内容不仅成为品牌的传播载体，也成为连接消费者和企业的桥梁，是当下营销传播的主要形式。内容营销与数字内容营销传播相比，前者的范畴更宽泛，数字内容营销传播更聚焦多领域的内容形态组合。二者都强调有价值的内容是营销的基础，都强调以内容为载体带来的互动和扩散、共鸣以及内容传播的创意和为品牌带来的品牌价值，但数字内容营销传播更偏重不同娱乐形式的整合和互通，是内容

---

① https：//news. contentinstitute. com.

营销的一种新趋势，"IP 营销是内容营销的一种表现形式，甚至是内容营销的一种重要趋势"①，更侧重利益方同时获益和双向增值，强调内容品牌的共生性和价值共创性，强调内容带来的粉丝共创和内容生产传播的效率提高，最终实现用户、内容、品牌等多方共赢。数字内容细分了垂直领域，可以更加准确地界定内容营销的范畴和覆盖领域，从营销上看，跨媒介、场景化、互动性是内容营销的常用手段，跨媒介是通过微信、微博、论坛、贴吧、社群等多种媒介发布新闻、视频、软文、案例分析等传达品牌信息的任何形式的作品内容。场景化是通过场景感的描述和表达提升客户代入感，增强体验共鸣，促进品牌营销。互动性是以内容为载体激发客户互动，触发用户自主扩散裂变。从内容营销的概念来看，并不能明显体现出以内容为统一内核的聚合性，以及内容本身的流动性、延展性和与品牌的价值共创性。数字内容的概念偏重强调内容的延展力及其在流动性中的增值效力。综上所述，数字内容营销传播更加强调以 IP 为聚合点，以此为起点，打破一系列界限，包括内容形式的界限、创作者与消费者的界限、不同行业的界限、甲方与乙方的界限、内容与品牌的界限等。

（二）数字内容营销传播与品牌联合

在营销学和品牌研究中，品牌联合已经是较为系统的一个研究，中外很多学者都对品牌联合的定义、形式、动因、反馈等角度进行了分析和论述。品牌联合的概念最早由 Boone 提出，品牌联合因为合作共赢成为很多品牌尝试的营销方式。Rao 和 Ruekert 认为，"品牌联合是指两个或两个以上的独立品牌、产品或其他专有资产的短期或长期联合与组合"，这种品牌联合如同战略联盟，合作的品牌主在这种联盟中共同获益②。他们用合作关系的持续时间、合作可能创造的潜在价值的性质和数量两个维度来判断合作的类型，大致可分为联合促销、品牌联合、商业联盟和合资企业。

① 朱珊. IP 背后，这趟快车到底是什么 [J]. 成功营销，2016（6）：16-19.
② 陆娟，吴芳，张轶. 品牌联合研究：综述与构想 [J]. 商业经济与管理，2009（3）：90-96.

两个或两个以上的品牌进行商业合作是品牌联合，又称品牌联盟，是指两个或两个以上品牌拥有差异化资源，为了双方利益，在资源共享、共担共赢的原则下，进行战略联盟，交换或联合彼此的资源，优势互补，创造竞争优势，从而实现促进销售、提升品牌的目标①。品牌联合分为成分型品牌联合、价值链内品牌联合、竞争型品牌联合、互补型品牌联合，以上分类是从产业链和竞争环境角度进行的。汤姆·布莱科特和鲍勃·博德在《品牌联合》一书中提出了一种根据在合作中创造的价值对品牌联合进行分类的方法，如图2-4所示。

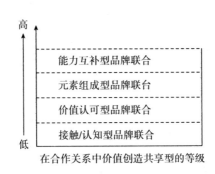

图2-4 在合作关系中价值创造共享型的等级

资料来源：笔者根据搜集的资料绘制。

最基础的是接触/认知型品牌联合，是"可以使双方迅速地提高公众对他们品牌的认知，这是共同参与和价值创造的最低水平"②。往上是价值认可型品牌联合，是指两个企业希望在客户心目中取得品牌价值的一致性而进行的合作，与第一个层次相比，提升了价值的创造潜力。接着是元素组成型品牌联合，这个联合的基本原理是一个以市场领先的品牌作为组成元素之一提

---

① 林升梁. 整合品牌传播学［M］. 厦门：厦门大学出版社，2008：287.

② 汤姆·布莱科特，鲍勃·博德. 品牌联合［M］. 于瑶，译. 北京：中国铁道出版社，万卷出版公司，2006：12-21.

供给另一个知名产品。最上层的是能力互补型品牌联合，是指每个合作伙伴都不断地选择对方的核心技术和竞争力投入到产品上，包含了更广泛的合作手段。过去的研究更多的是品牌联合的综合研究，尤其是针对商业联盟和品牌元素联合的研究较多，并未有专门针对与内容品牌联合方面的专项研究。本书的数字内容营销传播重点关注 IP 品牌以及与 IP 品牌的联合营销。有的品牌将 IP 品牌元素应用到产品设计或品牌形象中，或在产业链中联合为客户创造出新的体验。这种品牌联合应属于成分型或价值链型、互补型品牌联合。本书将数字内容营销传播视为品牌联合的一种特有形式，并以传统意义上的品牌联合理论为理论支撑，重点分析数字内容与品牌方的合作关系，结合共生理论，分析当下与 IP 品牌的合作区别于过去的品牌联合的新型合作模式。

在业界实践中数字内容有时也称泛娱乐内容，这里的泛娱乐不同于泛娱乐化，二者的立场、内涵、外延和使用情境都有较大差异，不能混淆。在数字内容语境下的泛娱乐一词重在客观描述一种产业形态，是立足产业的视角描述互联网环境下的内容生态、产业布局。泛娱乐化一词带有警示性，主要应用于新闻传播学等研究领域，以批判的视角反思娱乐内容的传播给社会观念和人带来的影响。

第二节　相关研究

一、数字内容和数字内容营销的相关研究

在中国知网（CNKI）上以"数字内容"为关键词进行搜索，共出现相关文献 3869 条，自 2000 年开始，研究开始逐年增多（见图 2-5）。研究主要围绕数字内容产业、数字内容、数字出版、数字版权保护、文化产业、数字化转型（见图 2-6）等 30 个主题展开。主题文献占比最多的是数字内容产

业，共有257篇，从产业上聚焦数字内容的经济价值层面进行研究。下面将对相关的研究进行综述。

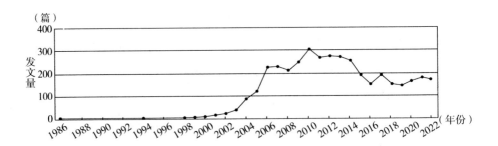

图2-5　CNKI数字内容相关文献年度分布

资料来源：CNKI检索分析结果。

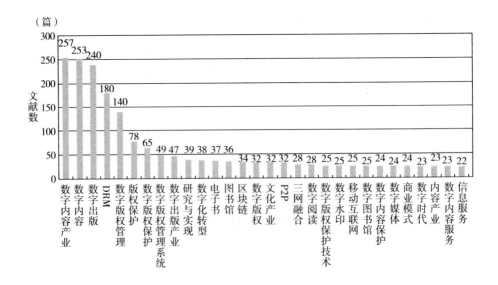

图2-6　CNKI数字内容相关研究主题分布

资料来源：CNKI检索分析结果。

以"数字内容产业"为关键词在中国知网（CNKI）中搜索，关于"数字内容产业"相关的文献共有257篇，抽取前200条进行分析后，以"数字内容营销"为关键词，在 CNKI 中主要研究分布在内容营销、短视频、移动营销、新生态、品牌资产、内容设计等。不同的国家和地区对"数字内容产业""内容产业"的定义有不同的认识和界定，欧盟在《信息社会 2000 计划》中将其定义为"那些制造、开发、包装和销售信息产品及其服务的产业"①，日本经济产业省在《新经济成长战略（2006）》中将内容产业定义为"加工制作文字、影像、音乐、游戏等信息素材，通过媒介流通到用户的商品信息，包括瞬间可以接收、消费的信息和历经百年拥有大批读者的文学作品"。② 数字内容产业是在传统的内容产业基础上演变而来的，指以数字形式记录呈现的内容产业，数字化的音乐、影像、游戏和信息出版四大板块构成了日本数字内容产业的主体。韩国从 20 世纪 90 年代开始重视内容产业，随后，韩国在《2003 年信息化白皮书》中正式定义了数字内容产业："利用电影、游戏、动漫、唱片、卡通、广播电视等视像媒体或数字媒体等新媒体，进行储存、流通、享有等文化艺术内容的总称。"数字游戏、数字动漫、数字影音、数字出版等领域构成了韩国的数字内容产业。我国的数字内容产业主要包括文学、游戏、影视、动漫、体育、音乐、网络视频、直播等多领域的内容，我国的数字内容产业发展经历了萌芽期、发展期和成熟期几个阶段：数字内容产业从 2003 年开始学习西方产业发展经验，探索适合中国国情的数字内容产业体系；到 2006 年我国数字内容产业的发展初具规模并被列入国家的长期发展规划；到 2016 年已发展到成熟阶段，形成了数字文学、数字游戏、数字影视、数字动漫、数字出版等行业协调发展的产业格局，如今数字内容产业的生态多样，日渐呈现出边界模糊和领域重叠的特点和趋势。

关于数字内容产业和数字内容产业生态的研究，国内学者们对数字内容产业的概念产生、发展背景、发展机遇、产业资本运作和战略布局、未来趋势等进行了宏观的研究。北京大学的向勇认为价值成长、生态化经营是内容

① 欧盟制定《信息 2000 年》计划 [J]. 情报理论与实践，1995 (6)：52.
② 于素秋. 日本内容产业的市场结构变化与波动 [J]. 现代日本经济，2009 (3)：27-33.

产业的趋势，"随着 SoLoMo 社会形态的出现和后工业社会、后资本主义、后现代主义的社会转变，社会生产方式从福特主义转向了后福特主义，弹性专业化动态分工的网络模式，促使文化产业的组织形态发生了重大变革，出现了生态网络化的结构布局。生态化经营是在文化产业的高度整合下，将内容创意、渠道终端、网络平台等整合为一个创意生态，改变'内容时代'的单一业务和渠道制胜的集成化产品生产体系，发展成为'平台为王'的综合多元经营和'生态共生'的'端到端、点对点'的全产业价值链"。① 数字内容泛娱乐战略的提出者程武认为泛娱乐共生的创意模式分为三个阶段，他认为泛娱乐共生是"每个领域都可以成为另外一个领域的起点。每个领域也都可以成为另外一个领域的放大和延展，而不是简单的授权"②。第一个阶段是各垂直领域的共生；第二个阶段是各内容领域的共生；第三个阶段是内容 IP 与粉丝的众创共生，用户、读者、作者因为内容融合共创。

该主题的研究类型主要从技术应用、产业范畴、产业链、产业集群、产业融合五个角度展开，其中从技术应用视角展开的研究主要以信息技术的演进和迭代作为重点，信息内容借助技术进行整合和传播。产业范畴视角重点研究产业的界定和细分领域的划分，如将美国、英国、日本、韩国等的该产业界定与中国进行对比研究等。产业链视角主要从内容的生产与传播的角度开展研究。产业集群视角是从产业空间、政府管理部门的战略布局等角度进行研究，研究产业集聚对产业发展的空间效应。产业融合的视角重在强调相关产业的融合，学者们认为数字内容产业正在跨界、交叉，呈现出愈加交融的生态。从现有研究来看，多数研究集中在前面四个视角，随着业界变化，关于产业融合的研究内容也正在展开，融合的生态代表未来数字内容产业的发展方向，深入开展该部分的研究将有助于分析当下的数字内容产业样态规律，对提升国内数字内容发展效能具有重要意义。

① 向勇. 文化产业导论［M］. 北京：北京大学出版社，2015：74.
② 程武. 泛娱乐时代的五个趋势［R］. 北京：UP2015 腾讯互动娱乐年度发布会，2015.

2001 年，美国俄亥俄州的定制出版公司 Penton Custom Media 提出，内容营销（content marketing）"指利用有价值的内容，吸引消费者的关注以此增进对品牌的了解最终购买，培养忠诚度的一种手段"①。内容是企业通过创作或收集整理，主动发布的文字、图片、信息图、视频、直播等各种形式的内容。窦文宇认为内容营销作为一种营销手法由来已久，在不同的媒介时代都被企业作为传播品牌信息、建立品牌声誉的一种软性的营销手段。在不同的时代，内容营销有其不同的定义。印刷时代的内容营销是指企业通过自营的媒体或出版商的媒体传播信息。报纸、杂志是较早的内容营销载体，如 1900 年知名的轮胎品牌米其林出版的《米其林指南》，为有车一族提供汽车维修、加油站、酒店、餐厅等实用信息；1987 年乐高公司推出杂志《积木秘籍》（*Bricks Kicks*），通过分享乐高玩具的玩法、漫画等推动了乐高主题俱乐部的建立；红牛公司在 2005 年发行《红色公报》杂志（*The Red Bulletin*），分享音乐、体育、文化等内容与消费者进行沟通。在广播电视时代，广播内容和电视内容成为品牌与消费者沟通的新媒介，主要通过视听多媒体内容向消费者传播信息，如"肥皂剧"起源于宝洁公司的洗衣皂赞助电视剧；我国 20 世纪 90 年代的动画片《海尔兄弟》是海尔集团投资的以品牌 IP 为主角的电视媒体内容营销信息。20 世纪 90 年代中期，随着互联网的兴起，在社交媒体平台上品牌主竞相创立自有账号，发布内容进行社会营销。在不同的媒介时代，内容营销是品牌化进程中的重要路径，如何制作有价值的内容是品牌主和代理公司一直探索的主题，国外学者对于内容与品牌营销传播的相关研究相对成熟，对内容营销的规律、导向、管理等方面的研究成果较多，较重视宏观战略上的内容与品牌的结合，从营销学、传播学、经济学等角度分析内容给品牌带来的价值。在数字时代，内容数量呈指数级暴涨，数字内容营销传播的形式更加多样，技术要求之高、竞争压力之大远超以往的印刷时代

---

① 窦文宇 . 内容营销：数字营销新时代［M］. 北京：北京大学出版社，2021.

和广播电视时代。正因如此，数字内容营销传播的研究领域更为宽泛，从技术到内容、从品牌到消费者、从整合到跨界都有探讨。随着互联网内容生态的形成，品牌营销传播出现了变革，在越来越多的品牌使用内容进行营销实践的同时，学者们在内容与品牌营销传播上开展了战略、策略和关系、产业链等各层面的相关研究，综合来看该领域的研究主要聚焦在品牌如何借助内容建立品牌与消费者关系，从而维护和提高消费者忠诚度，并将其作为一种营销的策略和手段，研究多以品牌主的视角开展围绕营销策略、品牌关系维护等方面的应用研究。

在外文数据库 Web of Science 核心集数据库中以"Digital Content Marketing"（DCM）作为关键词共检索到相关参考文献 1518 条（截止到 2022 年 4 月 15 日），相关研究者多集中在经济学、营销学等商科领域，主要包括数字内容营销传播效果、数字内容营销传播渠道、品牌社群和社交媒体用户分析等领域。它们属于前沿应用领域，讨论的话题较新，多结合一些传播案例或具体领域进行分析讨论。讨论数字内容营销传播的概念，应从数字营销的概念开始追溯，在互联网发展初期，伴随出现的是在线营销、网络营销、数字营销等术语，美国市场营销协会将其定义为使用数字技术来营销产品和服务。根据阳翼在《数字营销》①中的梳理：国外学者如 Wartime 和 Fenwick 等认为数字营销是互联网技术演进引发的市场营销活动的进化，数字营销给营销领域带来了极大的冲击；Cait Lamberton 认为数字营销为品牌方提供了洞察客户、吸引消费者的新方式；Kotler 认为数字营销将开启一个新的时代；舒尔茨等则重新定义了数字营销时代的品牌关系。学者们不断拓展、丰富这一概念，2017年，Kaufman 提出了数字营销的概念公式，即数字营销 =（内容平台+数字平台）×大数据营销的运营×营销战略思维的升级。这一概念较为全面地概括总结了数字营销的要素，并明确提出了内容和平台的共生关系，指出了数字营销的

---

① 阳翼. 数字营销（第 2 版）[M]. 北京：中国人民大学出版社，2019.

核心是内容，在此基础上进行数据营运和战略升级。学者们普遍认为，内容营销是数字营销的一种新形式，市场营销学、广告学、传播学等不同领域的学者从各自的学科领域和研究视角展开了对数字内容营销传播的研究。与传统的营销相比，数字营销的传播渠道发生了改变，这一改变带来的不仅是工具的变化，更是整个观念的改变。Wartime 认为要想取得数字营销的成功，要将传统的营销观转化为数字营销观，在策划、创意和方法上都需要随之改变。在数字营销策略上，要利用数据营销的技术识别用户画像，使用更科学的营销组合开展营销活动。

数字营销传播理论起源于数字技术的发展，营销与传播作为组合用词在数字营销传播中首次被提出是在 2001 年，美国的约翰·戴顿和英国的特里克·巴韦斯首次提出了数字营销传播（Digital Marketing Communication）的概念，他们认为数字媒体为广告、销售、服务、产品生产等活动提供了网络营销的空间，但并未全面分析数字营销传播的内涵和外延。随后，美国的丹·斯蒂伯克（Dan Steinbock）在其著作《网络营销传播的诞生》中梳理了网络传播的形态，明确了网络营销的数字化传播属性。[①] 此后，关于数字营销传播和在线整合营销传播的讨论日趋增多，与此相关的研究多集中在数字营销策略上，与之混用的相关概念较多，如"移动营销""大数据营销""互动营销"等。舒尔茨等的整合营销传播理论认为营销即传播，他们在《重塑消费者—品牌关系》一书中在整合营销传播理论的基础上进行了颠覆和创新，将营销传播的要素分为品牌、目标人群、传输和内容四个要素，并将其作为旨在创建和维护买卖双方长期关系的一种新的方式去指导营销传播活动。舒尔茨等认为，"品牌传播包括三个基本要素：一是需要保持品牌关系的消费者和其他受众；二是品牌传播的传输系统；三是品牌传播的信息内容；当然还有将它们连到一起的品牌。这三个元素是各项传播活动的基础，它们建立起

① Dan Steinbock. The Birth of Internet Marketing Communications［M］. Westport, Conn. : Quorum Books, 2000.

了持续的消费者—品牌关系"①。消费者（Customers）、传输（Delivery）、内容（Content）三个元素相互关联且被整合，连接者是品牌。"内容"和"传输"被视为品牌与消费者维系关系的重要因素。国内学者谷虹等也提出数字营销传播等终极目的是构建品牌关系，传播在数字营销中意味着双向沟通，是不同于传统营销的重要落脚点，不仅是技术工具的区别，更关系到顶层营销战略思维的转换。②

关于数字内容与品牌的关系研究，有学者提出了数字内容生态圈的概念并从产业升级、内容扩容等角度进行了分析，也有学者通过个案研究探讨品牌与内容的共生关系。例如，姚海凤认为中国数字内容产业正在"互联网+"战略下推动该产业全面崛起，硬件设备与互联网的结合推动了传统娱乐产业升级，娱乐形态迭代和内容升级为企业提供了更加完整的数字内容生态圈。③付亚龙研究发现，电影与广告主二者的品牌识别体系相互融合和延伸，品牌与电影合作跨界实现多方共赢，品牌跨界满足了双方的品牌诉求。④毛益苏从品牌联合角度分析了《非你莫属》电视栏目品牌与招聘企业的品牌联合传播，以《非你莫属》为载体，满足了招聘企业人才与品牌价值传播的双重需求，成为各大企业品牌传播的依附渠道，也营销了自己的品牌，利用联合优势塑造了强有力的品牌形象，提升了双方的品牌形象和品牌资产。⑤围绕数字内容营销传播策略的研究多以具体案例解析为主，业界探索者、观察者主要结合业界实践从策略和路径方面展开分析。

二、品牌营销传播生态系统的相关研究

国内关于广告行业的营销传播生态研究虽然起步晚于西方，但是国内学

---

① 唐 E. 舒尔茨等. 重塑消费者——品牌关系 [M]. 沈虹，郭嘉等，译. 北京：机械工业出版社，2015.

② 谷虹. 重构与再定义：中国广告业的创新与发展 [M]. 厦门：厦门大学出版社，2016.

③ 姚海凤. 互联网+娱乐：泛娱乐产业崛起 [J]. 互联网经济，2016（5）：34-39.

④ 付亚龙. 泛娱乐生态下的微电影连接趋势 [J]. 传媒，2016（4）：19-21.

⑤ 毛益苏. 浅析《非你莫属》的品牌联合传播 [J]. 新闻世界，2013（12）：117-118.

者在该领域进行了开拓性研究，主要从广告主生态、品牌生态、内容生态、广告行业宏观生态等角度展开研究，总体来看以品牌生态研究居多，缺乏关于广告行业生态和营销传播内容生态的研究。例如，王兴元提出了全面的品牌生态研究框架，①王仕卿和韩福荣运用生态学理论和方法研究品牌系统的复杂性，引入数学模型研究品牌生态位模式，解析品牌生态系统中品牌种群的演化规律。②

　　关于广告行业生态的研究主要从新媒体带来的网络生态、内容生态与广告生态的关系角度开展，分析数字媒体技术如何重塑广告内容生态、消费者生活生态，在新媒体生态下带来了广告内容传播的机遇与挑战。例如，彭兰认为智能时代带来了新内容革命，她从智能技术变革重新定义了内容生产、分发、消费之间的关系，"三者之间的界限正在日益模糊，正在构成全面的内容生态，推动着新内容革命"③。胡正荣提出，内容生态包括创意生产方、传播方（渠道与平台）、监管方（政府、行业协会）等构成要素，要在生态思维下协调生态系统利益攸关者。他认为内容生态"正在进行横向聚合并走向垂直共生"④。刘伟构建了新媒体生态下品牌营销传播模型，将消费者、品牌置于新媒体生态中，分析消费者生态和品牌营销传播的变革。⑤ 胡正荣和王天瑞认为内容生态链的产品链正在因技术的支持向文本、场景和服务多维度延展，在人工智能大数据时代，内容成为一种生态系统和系统工程，糅杂了产消者、文本模态、技术、资本和政治等多场域和行动者等多个因素⑥。任翔认为，"数字内容生态（Digital Content Ecosystem）是一套基于移动互联

　　① 王兴元．品牌生态学产生的背景与研究框架［J］．科技进步与对策，2004（7）：121-124.
　　② 王仕卿，韩福荣．品牌生态位界定及其演化模式研究［J］．科技进步与对策，2008（1）：169-172.
　　③ 彭兰．智能时代的新内容革命［J］．国际新闻界，2018，40（6）：88-109.
　　④ 胡正荣．内容生态及其良性发展［J］．新闻与写作，2018（10）：卷首语.
　　⑤ 刘伟．六维沟通：新媒体生态下品牌营销传播模型构建［J］．今传媒，2017，25（5）：57-58.
　　⑥ 胡正荣，王天瑞．平台链：打通内容生态的产品链、供应链与价值链［J］．中国广播电视学刊，2022（1）：33.

网的全新体系，不仅是软件与硬件、内容与渠道的整合，更是创作者与消费者的整合"①。

部分学者在互联网变革之前就从整体传播生态系统的视角展开了研究，彼时基于大众媒介资源高度垄断，媒介强势地位，广告受众话语权有限，媒体和广告主掌握话语权，受众被动，传播接收信息的生态环境的相对失衡。例如，徐静和丁建辉从传播生态的视角分析了广告传播生态的失衡问题。他们认为，"在广告传播过程中，广告主、广告代理公司、大众媒介、广告文本、广告受众以及社会环境等各要素之间形成了非常奇特的传播生态系统，我国当前的广告传播中出现了一系列的广告生态问题，如虚假广告充斥媒介，广告文本污染视域，广告法规执行不力，消费者维权无路等"。② 他们从传播生态学的视角分析了广告传播中诸要素的矛盾冲突关系，提出了改善我国当前广告生态并促进其和谐发展的策略与方法。当前的整体生态研究分析的环境生态系统已经发生了较大变革，因而传授失衡的生态状况已不再是生态环境的主要表现。目前需要以外部环境生态的变革为起点展开研究，生态系统中构成要素日趋增多，各方之间的关系在不断演进，新的生态体系正在颠覆重构。

随着平台型媒体的兴起和媒体融合的加深，关于内容生态的研究开始增多，诸多新闻传播领域的学者将互联网变革下的内容生态看作一个技术变革下的新的系统，从内容的文化属性和商业属性，从内容的生态构成、生态特点上进行了宏观讨论分析，从不同维度对内容生态的形态、关系的研究相对较少，从品牌方、内容平台方、代理方等方面进行营销传播的行业生态综合分析是值得深入探讨的细分领域。

文化产业领域的学者则从价值理论体系上论证新的数字内容产业的共生生态特性。向勇从价值决定论的角度认为创意者经济是一种共生价值经济，

① 任翔. 后疫情时代的数字生态共建：2020年欧美出版产业发展评述及展望［J］. 出版广角，2021（2）：27-31.

② 徐静，丁建辉. 论和谐广告传播生态环境的构建［J］. 中国广告，2007（7）：145-147.

他认为人类财富的价值理论的演变经过劳动价值论、需求价值论、效用价值论到协商价值论的过程，经历了从单一的物质价值决定论到物质与文化价值协同决定的发展转变，文化商品的价值取决于市场交易过程中消费者与文化商品之间的体验互动以及消费者之间的社会沟通。从价值决定来看，创意者经济是一种共生价值经济和生态经济，是由内容层、渠道层、用户层串联起来的平台群，三层平台相互交织成为一个互联网创意生态体系①，平台的生态化让数字内容的生产和价值开发更加融合。

"生态圈"又称为生态系统，属于生态学的理论范畴，多样化的生物群体和环境构成生态圈，生物群体和环境是相互依存、共生的关系，生态圈中的每个生物个体都有特定的生态位和生态价值，各要素形成的生存空间就是生态圈。这个概念最早由奥地利地质学家 Suess 于 1875 年首次提出，他认为"生态圈是指地球上有生命活动的领域及其居住环境的统一整体"②。1935年，英国生态学家亚瑟·乔治·坦斯利提出了生态系统的概念，这一概念在20 世纪 50 年代得到了广泛传播和认可，到 60 年代已发展成为一个综合性较强的研究领域。坦斯利认为，生态系统是在一定时间和空间内，生物与其生存环境以及生物与生物之间相互作用，彼此通过物质循环、能量流动和信息交换，形成的一个不可分割的自然整体。这一概念不仅可以用来解释自然界的生物之间错综复杂的冲突与依存的关系，帮助人们清晰地把握自然界的生态规律，也可以用来理解人类社会中复杂的传播关系。1993 年，美国经济学家詹姆斯·穆尔在《哈佛商业评论》中首次提出了商业生态系统的概念，他认为"社会的组织运转与生物学领域的生态系统有相似之处"③。1996 年，穆尔在他的著作《竞争的衰亡：商业生态系统时代的领导与战略》中将生态系统引入政治领域和经济领域，首次提出了"商业生态系统"的概念，引发

---

① 向勇．"创意者经济"引领数字文化产业新时代 [J]．人民论坛，2020（19）：130-132．
② 李艳，宋余庆，陆介平．国内外海洋工程装备产业专利竞争力分析——基于生态圈的视角 [J]．现代情报，2016，26（9）：151-158．
③ 范周．数字经济下的文化创意革命 [M]．北京：商务印书馆，2019：318．

了商业关系的革命，这个系统的概念基于共同进化模式的企业战略管理思路，其中的组织和个人互相依存、共生并共同维持着系统的延续和发展。布兰德伯格和纳尔波夫认为，商业活动参与者之间有着复杂的关系，企业要与客户、供应商和互补者共同创造价值。学者们不断完善生态圈的概念，在数字经济时代，随着互联网的发展，生态圈如同价值网络，成为各平台方争相跑马圈地的战略布局之路，自然生态圈、商业生态圈都强调了共生的精神，这与互联网的共享精神有天然的契合性，范周认为自然生态圈与商业生态圈都具有生物多样性、关联性和生生不息的孵化性等特点，二者都秉持着"共生、互生、再生、新生"的共赢精神，生态型企业是生态圈形成的基础，生态型企业可以作为中心聚合中小型企业并不断拓展。

国外学者从生态视角将商业生态系统中的企业发展视为如自然系统中的物种与整个生态系统般共生共长，社会学科各领域逐渐引入生态圈的理论，用于分析环境与要素的共生关系。生态学的理论深刻影响到品牌领域的相关研究，总体看来，生态圈的概念在经济学领域的应用较为广泛，随着数字创意产业的发展，出现了一些结合生态学理论对互联网行业、广告行业、内容行业等各单一领域的相关研究，如品牌个性论、品牌生命周期、品牌生态理论等。例如，戴维·阿克在《创建强势品牌》一书中提出了"品牌群"的概念，并由此提出品牌领导的管理模式、品牌关系谱系和品牌结构等工具。[①]安格尼斯嘉·温克勒在《快速建立品牌：新经济时代的品牌策略》中探讨了品牌生态环境的概念和管理问题，提出生态环境是一个复杂、充满活力并不断变化的有机组织的论断。[②] 缺乏跨界融合的生态研究，尤其是在品牌营销传播的整体生态的研究上尚有很大探索空间，将几个日益联系紧密的行业联合起来看作一个生态圈的理论建构，将有助于对互联网带来的产业融合下新

---

① 戴维·阿克. 创建强势品牌［M］. 北京：中国劳动社会保障出版社，2004.

② 安格尼斯嘉·温克勒. 快速建立品牌：新经济时代的品牌策略［M］. 北京：机械工业出版社，2000.

旧参与要素之间的关系进行深入探讨和分析，有助于从战略和策略层面更好地指导具体的营销传播实践。

三、关于数字内容核心内容——IP 的相关研究

1. IP 品牌研究和 IP 产业链研究

关于 IP 产业链研究，学者们主要从产业链构成、运营模式、价值评估、发展前景等角度进行了研究，很多学者对互联网时代下的 IP 运营模式、IP 的文化产品属性进行了界定和探讨。多数学者认为，IP 是一种内容品牌，是互联网生态体系的重要组成部分，与国外相比，国内 IP 品牌塑造尚有较大开发潜力，需要从产业链角度延长其价值链。例如，江小妍和王亮认为 IP 是一种文化产品，通过对数字营销环境下的 IP 运营模式进行分析研究，梳理 IP 发展现状，对未来 IP 运营做出展望并提出建议：利用粉丝发展 IP 经济，形成产业链，发展衍生品，打造优质 IP。[①] 李剑欣等对中国的 IP 市场现状进行了分析，用比较研究法总结出了优质 IP 的价值构成，指出"可制作""可融资""可营销""可观赏"是内容成为 IP 的基本条件。他们认为我国 IP 产品质量参差不齐，营销分散，未能实现整体品牌价值，应借鉴国外经验，进行全产业链开发，挖掘 IP 的最大价值。[②]

在 IP 产业链研究中，很多学者从 IP 市场地位、价值挖掘、变现过程、粉丝效应等角度进行了分析，认为 IP 产业链从单一粗放模式走向一体化、全产业化的模式。例如，丁毓认为优质 IP 是布局数字内容产业的关键，是支撑整个商业模式的核心点，优质 IP 具有传播性和跨平台性，其变现过程就是文化产业链贯通的过程。IP 是流量入口，是连接消费者的强关系链条，是互联网生态体系里不可或缺的一环。[③] 赵文晶和崔凌志探讨了融合

① 江小妍，王亮. 泛娱乐环境下的 IP 运营模式研究 [J]. 科技与出版，2016 (5)：23-27.
② 李剑欣，李鑫，袁换欣. 泛娱乐传媒环境下优质 IP 的价值构成 [J]. 传媒，2016 (21)：69-71.
③ 丁毓. 泛娱乐时代打造 IP 产业链 [J]. 上海信息化，2017 (2)：74-76.

文化背景下 IP 品牌形象塑造的直接和间接路径。其中，在间接路径中，IP 品牌的魅力人格塑造的主动权在互联网时代被消解，IP 品牌塑造主动权不再全部由经营者掌控，粉丝争取到的媒介权力令 IP 品牌形象塑造的间接路径产生。粉丝群体对 IP 核心内容进行再创作使其产生新特性，这对 IP 品牌形象塑造影响深远，粉丝的能动活动影响其他受众对 IP 品牌的形象的构建和认知。① 吴声指出，IP 是互联网时代的新物种，具有独特的内容能力和传播势能价值，作为新的连接符号和话语体系已成为全新的社会连接货币。他认为，超强 IP 具有极强的能指性，既独占品类，又占据心智，具有持续创造内容和流量的能力，会带来诸多商业机会，IP 的独特性来自聚焦的风格定位，这种独特性作为社交货币将反哺 IP 的质量和生命力。② 梁媛媛运用跨媒介叙事理论建构了 IP 运营的理论框架，从互文性、扩张性和参与性三个特性的角度分析了 IP 的运营模式，并论述了跨媒介叙事下 IP 运营模式价值的重构。③

关于 IP 热的批评与反思的研究主要集中在 IP 符号消费主义、优质 IP 稀缺、价值评估以及行业长期发展问题等方面。例如，周皓指出"IP 热"背后符号价值意义上的消费主义的蔓延。他对过度依赖网络文学，忽略优质内容的创新，受到经济效益的驱使，使文化产品的文化性受到侵害的现象进行了反思，指出还要把握社会效益与经济效益的平衡，理性对待 IP。④ 林琳研究了 IP 和影视产业的影响，指出希望一夜暴富和急功近利的心态冲击了内容产业，一些 IP 只关注粉丝，忽略了内容本身的原创力，IP 热潮冲击了原有的文艺观，价值观和原创力亟须重构。⑤ 陈巧燕指出要警惕 IP 的陷阱，优质 IP 具有稀缺性，业内对 IP 授权竞相追逐，导致 IP 价格虚高，应当参考中国 IP

---

① 赵文晶，崔凌志．融合文化环境下 IP 品牌形象塑造模式研究［J］．中国出版，2017（6）：48-51.

② 吴声．超级 IP：互联网新物种方法论［M］．北京：中信出版社，2016.

③ 梁媛媛．跨媒介叙事视域下的 IP 运营模式研究［D］．武汉：华中科技大学博士学位论文，2017.

④ 周皓．繁荣与危机：文化消费背景下 IP 的反思与对策［J］．戏剧之家，2017（11）：149.

⑤ 林琳．从 IP 热反思影视产业原创力的衰竭与重建［J］．新闻传播，2016（22）：67-68.

价值排行榜，对 IP 进行价值评估，理性购买和运营。[①] 刘星提出，从行业长远发展来看，"IP 热"应适度降温，对 IP 的管理采取生态管理模式，在 IP 产品的设计制作和资源开发方面进行生态化布局，保持其长久生命力。[②] 或业界人士多从 IP 叙事、IP 生产、IP 运营、IP 评估等单一角度进行分析，IP 与商业品牌共生跨界的研究值得进行深入剖析。

2. IP 与粉丝经济的关系研究

部分学者围绕粉丝经济进行了数字内容方面的研究，他们将粉丝的黏附性看作 IP 的变现基础，围绕与粉丝经济相关的情绪资本、营销策略等进行研究，粉丝与经济产生连接，才为品牌介入提供了可能，但是缺乏关于粉丝确权、价值共创等方面的相关研究。例如张秋指出，IP 是粉丝在消费过程中形成的一个个具有共同精神需求的社群。粉丝群体使 IP 在商业转化和资本变现过程中实现价值。IP 营销价值在于核心粉丝的培养与扩张，后续 IP 价值的开发重点是粉丝的付费增值服务。[③] 朱珊指出 IP 往往附带粉丝黏性，粉丝是 IP 经济的最大筹码，从 IP 产生到爆发，IP 与用户之间的相互陪伴是粉丝积累的过程，核心粉丝的质量和活跃度是 IP 价值的关键。[④]

第三节　理论基础

本书主要结合广告学、营销学、传播学、生态学等学科理论，建构品牌数字内容营销传播生态圈，解析生态圈内各生态体系的样态和关系，主要以共生理论、跨媒介叙事、品牌关系、品牌生态等理论为基础，为后文分析提

① 陈巧燕. 泛娱乐营销：IP 化运营之路 ［M］. 北京：电子工业出版社，2018.
② 刘星. IP 热的冷观察——对于电视媒体 IP 常态化管理模式的思考 ［J］. 中国电视，2016（2）：62-64.
③ 张秋. 粉丝经济视角下的泛娱乐 IP ［J］. 青年记者，2017（12）：84-85.
④ 朱珊. IP 背后，这趟快车到底是什么 ［J］. 成功营销，2016（6）：16-19.

供交叉学科的学术视角和理论支撑。

一、共生理论

（一）共生的概念的提出与演进

共生（Symbiosis）一词来源于希腊语，这一概念最早由德国生物学家德贝里于 1879 年提出，是指不同种属按照物质联系而生活在一起，"共生是自然界包括人类在内的所有生物类群的密切联合、需求互补、共同发展、协同进化的能力"①。后来，范明特（Famintsim）和布克纳（Prototaxis）等学者不断补充完善这一概念，指出共生是两种或两种以上的生物或多种不同种属生物按照某种物质联系或特定模式相互生活在一起，形成相互作用、共同生存、协同进化的联合体。

作为一种简明地描述生物种间关系的方法论，共生方法被用至各种领域。首先，在哲学层面，共生的核心是双赢和共存，在检索到的文献中，约 70% 的文献是对共生理论的哲学抽象和借用的研究，不同的学科从各自领域与共生理论相结合展开研究。1993 年，哲学家花崎皋平出版了《主体性与共生的哲学》，探索共生的道德、共生的哲学。1995 年尾关周二在《共生的理想》一书中辨析了共生和共同两个概念，共同意含当事者共同具有某些价值、规范和目标；共生则是以异质者为讨论的前提，因为存在差异才在生存过程中建立相互依存的关系。国内学者也从哲学层面关注共生，如复旦大学胡守钧教授 2002 年出版的《走向共生》一书提出，共生是人的基本生存方式，人与自然作为一种共生关系相互依存；② 吴飞驰认为个体与社会是一种相互依存的共生关系，社会与自然也是一对共生关系；③ 李燕指出了共生哲学包括生命理念、过程理念、异质共存理念、中和理念、关系理念和生活理念等几个方面，并从生命之间的存在关系、共生在时间上的连续性和空

---

① 刘润进，王琳.生物共生学［M］.北京：科学出版社，2018：12.
② 胡守钧.走向共生［M］.上海：上海文艺出版社，2002.
③ 吴飞驰.关于共生理念的思考［J］.哲学动态，2000（6）：21-24.

间上的宽容性、共生关系的异质性、共生在社会形态层面的价值选择等多个层面分析共生的特质。[①] 其次，在技术应用层面，共生作为一种重要分析工具用于研究工业生态系统如生态工业园的设计、企业集群共生关系等。另外，共生也被引入社会科学领域，生物学共生概念为社会科学研究提供了新的研究框架和思路。20 世纪 50 年代，共生概念被引入社会学和经济学等领域，用于研究产业共生、商业生态圈等。共生营销一词正式出现于 1966 年艾德勒（Adler）在《哈佛商业评论》发表的《共生营销》[②] 一文中，文章分析了美国企业共生营销的数量、范围及发展趋势。1986 年 Rajaratnam 和 Varadarajan 两位学者发表的《共生营销回顾》梳理了共生营销的类型和范围，并对共生关系和企业战略进行了结合研究，文章认为企业从各自利益出发，为了降低生产成本、获取外部资源、降低风险、开拓新市场等目的尝试寻求共生伙伴开展共生营销。[③] 随着战略联盟、关系营销等理念发展，有关共生营销、合作营销的研究增多，从近年来的相关研究来看，共生营销多用于企业合作的战略联盟等方面的研究，主要对共生双方的依存度、共生机制、合作效果等进行分析。

国内学者对共生的研究主要从战略管理、资源共享、合作关系、博弈论等角度进行分析。国内学者袁纯清将生物学的共生学说创新为社会科学的共生理论，他借鉴生物学的共生概念和相关理论，运用数理分析和哲学抽象，将共生理论作为一门社会科学所必须的概念工具体系开展深入研究，他将共生定义为共生单元在一定共生环境中按照某种共生模式形成的关系，将共生理论作为一门社会科学的基本逻辑框架和基本分析方法，提出了共生三要素、共生组织模式、共生行为模式等，完善了共生关系分析的理论框架。[④] 袁纯清在其博士后论文中将共生理论引入金融学领域，研究银企共生界面和共生

① 李燕. 共生教育论纲［D］. 济南：山东师范大学博士学位论文，2005.
② Adler L. Symbiotic Marketing［J］. Harvard Business Review, 1966, 44（6）：59-71.
③ 方琦，李开. 协同营销国内外研究综述［J］. 安徽广播电视大学学报，2008（4）：27-31.
④ 袁纯清. 共生理论及其对小型经济的应用研究（下）［J］. 改革，1998（3）：75-85.

关系。① 其后陆续有学者应用共生理论开展研究，2003 年，国内学者程大涛运用共生理论对企业集群的组织结构、发展形态、运行机制进行了研究，使用实证的研究方法研究集群企业衍生模式及运行机制的共生关系。② 2018年，陈春花和赵海然的《共生：未来企业组织进化路径》一书根据中国本土企业 30 年的跟踪研究，提出未来的组织模式将向学习型组织转变，这是一种基于顾客价值创造和跨领域价值网的高效合作组织形态，共生网络中的成员互为主体、资源互通、价值共享、利润共享，从而实现单个组织无法实现的高水平发展，该研究提出了新的组织管理逻辑和构建组织命运共同体的新逻辑。③

共生体、命运共同体等概念是与共生相关的生物哲学概念，对经济和社会发展研究有启发意义。例如，习近平总书记倡导的"人类命运共同体"就是建立在共生学基础上的，习近平主席在出席在纽约联合国总部举行的第七十届联合国大会一般性辩论时指出，要构建以合作共赢为核心的新型国际关系，打造人类命运共同体。这一倡议的提出旨在倡导普惠、共赢，各国相互联系、相互依存、相互合作、相互促进，你中有我，我中有你。党的十八大以来，习近平总书记反复提及人类命运共同体理念，构建人类命运共同体已被多次写入联合国相关文件，这也表明共生共赢是经济生态的大趋势。英国生态学家亚瑟·乔治·坦斯利（Tansley）明确提出生态系统的概念，生态系统（Eco-system）缩写为 ECO，"指在自然界一定的空间内生物与环境构成的统一整体，在这个统一整体中，生物与环境之间相互影响、相互制约，并在一定时期内处于相对稳定的动态平衡状态"。④ Tansley 将生物间的相互关系和环境条件通过物质的循环、能量的转换与流动联系起来作为核心的生态系

① 袁纯清. 共生理论及其对小型经济的应用研究（上）[J]. 改革，1998（2）：100-104.
② 程大涛. 基于共生理论的企业集群组织研究 [D]. 杭州：浙江大学博士学位论文，2003.
③ 陈春花，赵海然. 共生：未来企业组织进化路径 [M]. 北京：中信出版社，2018.
④ 郑子辉. 生态圈化：中国大企业转型新路径 [M]. 北京：企业管理出版社，2019.

统理论，如今的共生理论日渐成熟，共生的本质是协作，协作是人类社会发展的基本动力之一，互惠共生是自然界和人类社会共生发展的基本法则。共生是自然界生物群体包括人类在内的密切联合、需求互补、共同发展、协同进化的能力和普遍法则。整个地球是一个共生体，各类生物与环境之间通过成量转换和物质循环联系形成的共生系统，即命运共同体。因而在人文与社会、政治与经济、艺术等领域，共生概念和共生理论都成为生态系统的论述依据。

（二）共生要素、共生模式和共生理论的基本原理

共生要素包括共生单元、共生模式和共生环境，这三者构成了共生的三要素。共生单元是构成共生体或共生关系的基本能量和交换单位，是形成共生体的基本物质条件，共生单元的特征可以用质参量和象参量两个参数来反映，质参量反映了共生单元的内在性质，"一般在特定时空条件下往往有一个质参量起主导作用，称之为主质参量，主质参量在共生关系中具有关键作用。象参量反映共生单元的外部特征，共生单元的象参量并非唯一，一个共生单元往往存在一组象参量，这组象参量从不同角度分别反映共生单元的外部特征"[①]。

共生模式，又称共生关系，指共生单元相互作用的方式或相互结合的形式，反映作用强度，反映共生单元之间物质、信息和能量的关系，分为共生度、共生系数、亲近度、同质度、共生密度和共生维度六项指标，其中共生度是指两个共生单元或共生系统之间质量变化的关联度，反映两个质参量能量相互影响的程度。共生密度反映共生关系共生单元的多少，共生维度反映共生关系中异类共生单元的多少。按照共生的组织程度来看，依照程度高低可以分为点共生、间歇共生、连续共生和一体化共生四种模式，其中一体化共生与其他共生模式的根本差别是形成了一种独特的共生界面，这种共生界

① 程大涛.基于共生理论的企业集群组织研究［D］.杭州：浙江大学博士学位论文，2003.

面由一组共生介质组成，具有独立性质和结构的共生体，共生单元的作用是在共生体内进行的，具体模式、概念和特征如表2-1所示。按照共生合理性程度或利益角度，可以将共生行为分为寄生、偏利共生、互惠共生三种（见表2-2）。

表2-1　共生模式的模式、概念及特征

	点共生模式	间歇共生模式	连续共生模式	一体化共生模式
概念	● 特定时刻其共生单元具有一次相互作用 ● 只有某一方面发生作用 ● 具有不稳定性和随机性	● 按某种时间间隔，共生单元之间具有多次相互作用 ● 共生单元只在某一方面或少数方面发生作用 ● 共生关系具有不稳定性和随机性	● 在一封闭时间共生单元具有连续的相互作用 ● 共生单元在多方面发生作用 ● 共生关系比较稳定且具有必然性	● 共生单元是在一定时间与空间内形成了具有独立性质和功能的共生体 ● 共生单元存在全方位的相互作用 ● 共生关系稳定且有内在必然性
共生界面特征	● 界面生成具有随机性 ● 共生介质单一 ● 界面不稳定 ● 共生专一性水平低	● 界面生成既有随机性也有必然性 ● 共生介质较少，但包括多种介质	● 界面生成具有内在必然性 ● 共生介质多样化且有互补性 ● 界面比较稳定 ● 均衡时共生专一性水平较高	● 界面生成具有方向性和必然性 ● 共生介质多元化且存在特征介质 ● 界面稳定 ● 均衡时共生专一性水平高
开放特征	● 共生单元更依赖于环境 ● 共生关系环境不存在明显边界	● 共生单元有时依赖环境，有时依赖共生关系 ● 共生关系与环境存在某种不稳定的边界	● 共生单元更多地依赖共生关系而不是环境 ● 共生关系与环境存在某种不稳定的边界	● 共生单元更多地依赖共生关系而不是环境 ● 共生关系与环境存在某种稳定但不清晰的边界
共进化特征	● 事后分工 ● 单方面交流 ● 无主导共生界面 ● 共进化作用不明显	● 事中、事后分工 ● 少数方面交流 ● 无主导共生界面 ● 有较明显的共进化作用	● 事中、事后分工 ● 多方面交流 ● 可能形成主导共生界面和支配介质 ● 有较强的共进化作用	● 事前分工为主，全线分工 ● 全方位交流 ● 具有稳定的主导共生界面和支配介质 ● 有很强的共进化作用

资料来源：笔者根据文献资料绘制。

表2-2　共生行为特点

共生行为的类型		基本特点	增长方式
寄生		一方收益，另一方受害	受益方依赖增长
偏利共生		一方受益，另一方不受影响	独立增长
互惠共生	非对称互惠共生	双方受益，但不对称	可独立增长，可一方依赖增长
	对称互惠共生	双方受益且对称	同时独立增长，或同时依赖增长

资料来源：笔者根据文献资料绘制。

质参量兼容原理、共生能量生成原理、共生界面选择原理是共生理论的基本原理，反映了共生体形成和发展中的内在必然联系，是共生体形成和发展的基本规则。这个规则表现了共生体形成和发展中一些内在必然联系，是共生体形成的内在机理，主要包括质参量兼容、共生能量生成、共生界面选择等。质参量兼容原理，是指共生单元的质参量可以相互表达的特性，质参量兼容与否决定共生关系形成的可能。质参量兼容的方式决定共生模式，主要用于共生关系选择时的条件识别和确定共生模式；共生能量生成原理，指共生过程中产生的物质成果，"共生能量是共生单元系统质量提高和扩张的前提条件，共生能量能否形成，取决于共生度，用于共生体识别和共生能量最大路径设计"。[1] 共生界面选择原理"是指共生对象的选择在不完全信息下采用竞争性选择规则，在完全信息下采用亲近度或关联度选择规则，用于共生对象选择和共生能量使用选择"。[2]

二、媒体融合与跨媒介叙事理论

媒体融合是跨媒介叙事的背景，在这一背景下，品牌的营销传播都是依靠多媒体平台实现的，内容的流通常依靠消费者的积极参与完成。融合并非仅仅是技术设施的融合和变迁，这种融合发生在消费者的头脑中，每个个体借助媒体信息中的零散信息来构建总体，但由于每个人存储的知识有限，就

①② 　王桔英．我国银企共生关系分析［D］．长沙：湖南大学硕士学位论文，2007．

会有动力去相互交流所消费的媒体和内容，这种交流日益成为通俗文化中的集体意义建构，这种融合和意义建构正在改变营销传播等诸多领域的运行模式。詹金斯认为："通过融合这一概念尝试描述技术、产业、文化以及社会领域的变迁，包括横跨多种媒体平台的内容流动，多种媒体产业之间的合作以及四处寻找娱乐体验的媒体受众的迁移行为。"① 融合改变了产业和市场、内容风格以及受众等要素的关系，改变了媒体业运营以及媒体消费者对待新闻和娱乐的逻辑，广告行业正重新审视品牌与消费者的沟通方式以及如何有效维护品牌关系。

跨媒介叙事这一概念由詹金斯提出，1992 年在他的《文本盗猎者：电视迷与参与式文化》一书中开始有探索性研究；2006 年，在他的《融合文化：新媒体和旧媒体的冲突地带》一书中建构了跨媒介叙事理论框架，他认为，跨媒介叙事是一种营销手段，能使版权永葆活力，令观众忠诚，带来大幅盈利。跨媒介叙事不同于促销策略，如品牌植入性娱乐，品牌营销与跨媒介叙事的区别在于，前者是将品牌附加于娱乐内容之上，临时拼贴又简单复制，结果信息冗余，后继乏力；后者则旨在建立起品牌神话，以品牌为核心展开叙事，故事情节纵深发展，经久不衰，而且相对便宜，跨媒介叙事的价值衡量不在广告收入的多寡，而在于观众参与感的强弱。

跨媒介叙事并非传统意义上的文学视角的叙事，而是在媒介产业语境下，在资本的推动中的文本扩张，是以媒体融合为背景分析跨媒介的内容生产和运营的理论。这一概念关注的不仅仅是多个平台上的叙事，还有媒介间的关联，即系统性、互文性和协同性。在关注产业链运营模式的同时，还关注受众体验，即受众的沉浸、粉丝特性、迁移模式等跨媒介消费的本质，扩展性和探究性、统一性和多样性、沉浸性和萃取性、世界建构、系列性、主体性、用户参与这七项是跨媒介叙事的主要原则。

---

① 亨利·詹金斯. 融合文化：新媒体和旧媒体的冲突地带［M］. 杜永明译. 周宪，许钧主编. 北京：商务印书馆，2012.

三、品牌生态系统理论

关于品牌生态已有较为系统的研究，如较为成熟的品牌生命周期论、品牌个性论等。品牌生命周期这一概念由乔尔·迪恩在1950年提出，他认为品牌个体会经历出生、成长、成熟、老化、衰退的过程，品牌如同生物个体般具有生命特征，这一概念在接下来的研究中被重新定义为孕育形成、初始成长、再循环三个阶段。曼弗雷·布鲁恩指出，品牌生命周期分为品牌创立、品牌稳固、差异化、模仿、分化、两极分化几个阶段。1955年，伯利·B.加德纳和西德尼·利维指出，品牌创建要超越差异性和功能主义，应当注重开发个性价值。1998年，戴维·阿克提出"品牌群落"的概念，指出这是一个认识品牌的全新角度，发展了品牌关系谱系和品牌结构等。"品牌生态环境"出现在安格尼斯嘉·温克勒的《快速建立品牌：新经济时代的品牌策略》一书中，他指出品牌生态环境是一个复杂、充满活力并不断变化的有机组织。

国内关于品牌生态的研究是建立在企业生态研究基础上的，国内学者从品牌生态系统的经济结构、目标生态规划以及品牌生态管理等方面进行了研究，通过分析品牌生态系统领导的品牌管理模式构建品牌生态学学科体系，但并未根据品牌生态系统的演化规律用来具体指导实践。王兴元的名牌生态系统理论着眼于名牌生态系统的竞争和合作、诊断与评价、演化过程和运行机制、利益平衡等，从研究对象和时代上看都具有局限性，但从一定意义上看，品牌生态学的框架已逐步建立，为后续研究奠定了较好的研究基础。[①]品牌生态系统中品牌种群将品牌演化为品牌出生、品牌成熟、品牌共生的演化规律，具体分为品牌合法化阶段、品牌竞争阶段和品牌共生阶段，将生物系统和品牌系统进行了类比。殷红春定义了品牌生态系统，用生态因子、生态位的相关理论分析品牌培育的机理及品牌竞争的本质，分析了品牌生态系

---

① 王兴元.品牌生态学产生的背景与研究框架［J］.科技进步与对策，2004（7）：121-124.

统协同进化规律，研究认为品牌物种、品牌种群、品牌群落、品牌生态环境四个方面构成了品牌生态系统。[①] 于颖从产业集群角度分析了品牌生态系统协同进化，根据生态系统的进化本质，探究品牌的进化路径，建构了整个品牌生态系统的协同进化的模型。[②]

---

① 殷红春. 品牌生态系统复杂适应性及协同进化研究 [D]. 天津：天津大学博士学位论文，2005.

② 于颖. 产业集群品牌生态系统协同进化研究 [D]. 沈阳：辽宁大学博士学位论文，2013.

第三章　数字内容营销传播生态圈模型的建构与解析

第一节　数字内容营销传播生态圈的构成

一、数字内容营销传播生态圈模型的建构思路与基础

生态系统的概念是由英国生态学家坦斯利提出的，是指在一定时空范围内自然生物与其环境组成的整体系统，最大的生态系统是生物圈。商业生态系统的概念是由美国经济学家穆尔提出的，他用生态学的概念分析企业间的竞争生态、企业与环境的共同进化关系，商业生态系统是企业、所有利益相关群体与外部环境形成的复杂生态系统，生态系统可以分为核心生态系统、扩展生态系统和完整生态系统三个层次。

本书将数字内容营销传播看作品牌处于新的互联网环境中的一个商业生态系统，由于当下的营销传播不是单向度的，用户、产品、内容间的关系发生了颠覆性的改变，营销传播已渗透到产品研发以及传播裂变的每一个环节，品牌主、内容方和代理公司、用户这些要素之间的关系不再是线性的链条连接形态，而是形成了一个完整的生态系统。数字内容营销传播生态圈模型的建构着眼于整个生态系统，生态系统内各要素紧密互联、协同共创、共生共赢，是一个相互作用的综合生态圈，圈内各方共生的关系和态势是研究的重

心，本书将通过生态圈模型来从宏观角度呈现数字内容营销传播的要素构成，围绕这个生态圈分析其内部层次结构、共生关系及共同进化的趋势，探讨在边界模糊的行业趋势下，产品、用户和营销主体之间发生的变化，该模型将为数字化时代全面认识营销传播的本质和规律提供分析工具。

二、数字内容营销传播生态圈的生态因子和生态位

数字内容营销传播生态圈的生态因子是指对品牌的生存和发展产生影响的各个要素，包括生态、政治、经济、社会文化、科技生态因子。

政治生态因子包括国家的政治制度、政策、法律法规等。政治制度从宏观层面引导产业机构，规范企业行为，是左右品牌建设的重要因素。政府的政策包括产业政策导向、财政政策、税收政策、投资政策、价格政策等，对产业发展和品牌发展具有促进作用。法律法规指国家颁布的法律、法规和条例，法律环境是品牌开展营销传播活动的规范和界限，同时也是保障品牌合法权益的重要支撑。

经济生态因子包括市场、资金、劳动力、基础设施等。市场是品牌生存的土壤，物质是品牌发展的前提，资金是品牌发展的重要因素，市场的繁荣和需求情况是品牌发展的基础。资金市场的状况、融资趋势的变化都会影响品牌的发展。劳动力的数量、素质、成本也是影响品牌运营的重要因素，品牌的创建、营销传播的执行都依赖人去执行。

社会文化生态因子包括文化、教育、传媒生态等因子。文化包括价值观、道德观、审美观念、生活方式、消费观念等，这些都是影响消费者的思想和行为的重要因素，是品牌文化、内涵、营销战略制定、品牌形象塑造的重要影响因素。如果与这些相吻合，品牌将有较大的市场拓展空间，在营销传播时事半功倍，而与之相违背的品牌将举步维艰。教育水平情况是影响消费者需求的一大因素。传媒业态的发展对品牌的发展影响显著，传播渠道的演进、传播技术的变革、传播观念的变化都直接作用于品牌传播的具体实践。

科技生态因子是营销传播生态系统的重要影响因子，科技决定了品牌产品的形态、影响着品牌竞争的生态，技术的变革带来了行业边界的弥合，科技也成为提升品牌价值、为品牌营销传播带来依据和突破的重要因素。人工智能、大数据、区块链、5G、VR 等技术的变革，为品牌数字内容营销传播提供了前所未有的挑战和机遇。

根据生态系统理论，生物群落在生态环境中处于不同的生态位，各生物群落之间、生物群落和生态环境之间形成多条摄食链条和相对稳定的依存关系，食物在能量传输、物质流动和信息传递等方面发挥着重要作用。对于商业生态系统来说，企业与企业之间的依存关系是商业生态系统功能发挥和价值创造的关键。生态位的分布情况以及生态位之间的关系是分析一个商业生态系统的关键所在。

三、数字内容营销传播生态圈模型的结构分析

在以上概念界定、文献梳理和理论基础上，结合业界调研和参与式观察，本书建构了数字内容营销传播生态圈模型（见图 3-1）。数字内容营销传播生态圈包括完整生态系统、扩展生态系统、核心生态系统三个部分。完整生态系统又指外部环境生态系统，包括生态环境、政治环境、经济环境、社会文化环境、技术环境生态因子。扩展生态系统是指广告行业和内容产业的生态系统，涵盖品牌主、广告代理、内容平台方和平台服务方等参与品牌内容营销传播实践的多个生态因子。核心生态系统包括内容生态系统和用户生态系统：内容生态系统是指各种内容形式围绕 IP 品牌，分布在数字内容的各细分领域中；用户生态系统涵盖了普通用户、粉丝、KOL（Key Opinion Leader）和品牌社群用户等不同属性的群体。

完整生态系统为品牌进行数字内容营销传播提供了外部环境，从生态圈示意图上显示为第一圈层、第二圈层：第一圈层包括生态环境、政治环境、经济环境、社会环境、技术环境；第二圈层是在第一圈层基础上进行了具体环境构成要素的拆分，包括法律法规、经济状况、资源能源、文化观念、技术革新，如大数据、人才、区块链、人工智能、技术、资本、监督管理等。

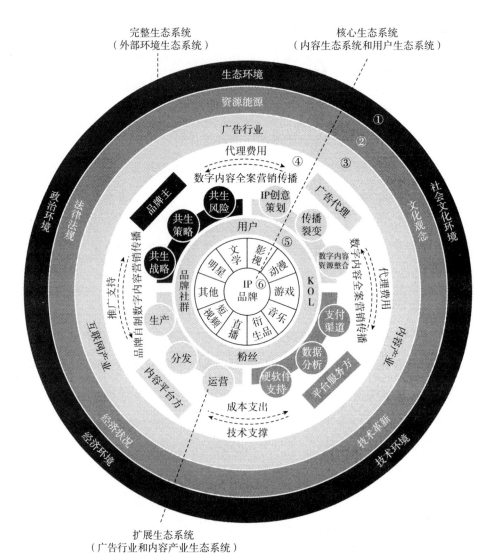

图 3-1　数字内容营销生态圈模型结构示意图

资料来源：笔者绘制。

　　扩展生态系统包括广告行业和内容产业生态系统，在图上显示为第三圈层、第四圈层。第三圈层是品牌相关行业的利益群体和组织构成，如广告行业、内容产业、互联网产业。第四圈层包括品牌主、内容平台方、广告代理方、平台服务方四大主体。

核心生态系统是该生态圈的核心，包括内容生态系统和用户生态系统，在示意图中显示为第五圈层和第六圈层。第五圈层用户生态系统具体拆分为用户、KOL、粉丝、品牌社群等生态因子。内容生态系统在图中显示为第六圈层，该系统以 IP 品牌为核心，涵盖文学、影视、动漫、游戏、音乐、明星、衍生品等诸多垂直内容领域，这个圈层是其他圈层的聚合点。

三大生态系统相互联系、相互影响，共同构成了一个生态圈，在生态圈内，各利益方依靠内容生态系统获得了比单独经营更大的收益，同时让内容生态系统显示出更强的资本和行业吸附能力。

本书将通过案例分析和业界调研探讨由数字内容的生产和传播机制的改变带来的生态系统的变革，重点解析生态圈内各方关系和角色的改变以及广告行业、内容产业和互联网产业的变革，这些变革是以整个生态系统为视角进行的。随着互联网、大数据、人工智能等技术的革新，广告行业、内容产业正在发生颠覆性变革。互联网带来的不单是媒体、渠道的变化，更是营销理念的全新改变，数字革命为整个品牌营销传播生态提供了新的环境，品牌营销传播应当在快速变化的环境中与新的环境共同进化。另外，这些技术在随着数字内容的发展演进，作为生态系统，都是作用与反作用并行，共同推动了时代的发展和行业产业的变革，这些都与外部环境生态因子相互作用。

本书将主要以品牌主与 IP 内容的关系作为切口，分别从二者的共生环境、共生核心、共生模型、共生模式、共生风险和共同进化六个方面进行分析，分析品牌数字内容营销传播规律、战略管理模型和具体营销策略、共同进化趋势。

四、数字内容营销传播生态圈的特点

（一）核心空间的突破

传统的品牌营销传播生态多以消费者为核心，而在本书建构的生态圈模型中，最核心的是 IP 品牌，它是整个生态圈的核心，内容本身的生产和传播是最基础的生态，好的内容在哪里，用户就流向哪里，好的内容是磁石，具有吸附能力，数字内容既是内容，同时也是媒介对受众、社会的一种重塑，流行内容的样态、流量聚集的传播渠道影响着用户的传播方式、接收方式以及消费习惯，品牌在传播时话语体系和传播思路也由此被重构。根据传播学中最新的研究转向，媒介不再只是中介物和渠道的传统定位，也不只是麦克卢汉笔下的媒介即信息，而是其潜移默化的媒介化的作用，当下的媒介研究应当去思考新的媒介对社会、对人、对群体、对组织产生媒介化的作用，IP品牌在数字营销传播中就发挥了营销话语体系重构等作用，因而在核心的生态体系中，本书将其看作最核心的圈层，是撬动其他生态体系的基础。

（二）关系空间的扩展

"异质共存"是共生理论在不同领域的重要内蕴，从其源头生物学的概念到人文社会学科，都强调了共生是建立在异质共存的基础上彼此依存的关系，异质性存在于生物界，也存在于社会各领域中，异质共存的关系阐明了在共生的存在状态、动态发展上，"共生本质上是一种关系，一种人性化、创造性与开放性的相互依存关系，一种存在关系"[①]。

在这种关系视角下建构的生态圈模型体现出关系空间的存在与扩展，数字经济下，各行业的区隔壁垒被打破，尤其是互联网企业、传统企业都开始布局内容产业、广告产业，因而在这个生态圈中，广告行业的关系方不再是传统的甲方乙方或上游下游的关系，而是按照参与内容生产和品牌营销传播的参与者环式分布，平台服务方、内容平台方也加入其中，突破了传统广告行业和内容产业的关系，用户群体如KOL与粉丝群体作为重要的一环，成为拓展生态空间的一部分，因而从各方要素的组成来看，这个生态圈模型中的关系空间是不断扩展的。

（三）进化空间的留存

共生带有动态的含义，是生命的进程，即共同生成，共生是一个不断变

---

① 李燕．共生教育论纲［D］．济南：山东师范大学博士学位论文，2005．

化发展的动态过程，是结合方式的变化，如共生类型、共生模式的演变发展等，这个过程是带有进化空间的，具有开放性和动态性，体现了共同生成这一哲学思维，正如美国哲学家诺斯·怀特海的哲学观点："在共生过程中没有时间，每一个时间都是崭新的，都是现在，在这个意义上，另一方面，过程又体现为享受即领悟和感受，过程是对现在机遇的领悟和对先前机遇的感受，并对全部过去和为未来开放。"① 凯文·凯利在《失控》中谈到共赢、共生时认为，生态圈中的所有生命之间都在相互影响、相互促进并共同进化。"共同进化是指多个生命相互利用或是互为天敌，最终都进化成依赖对方而生存的形态，生命的发展伴随着生命之间的博弈，初始的时候进行的是零和博弈，一方想要取得胜利，必须消灭对方，打压对方。但是随着发展与进步，生命之间的关系开始呈现出一定的开放性，之间的博弈亦从零和向着非零转变。生命之间的矛盾冲突不再是不可调和，相互竞争的双方可以通过达成某些协定来实现彼此的双赢。非零和博弈使得竞争双方获得的利益远比零和博弈的利益要巨大。"② 根据凯文·凯利的观点，竞争、打压是多个生命体关系的初级阶段，而非零和博弈的双赢才是生命关系的最终走向。

在数字内容营销传播生态圈内，各生态系统和生态系统中的生态因子，由原来的竞争、打压关系，随着不断演化和发展，各生态系统犹如齿轮传动般互相联结，在非零和博弈中共同谋求利益最大化。各因子和生态的变化体现在业务层次、组织架构和关系演变上，尤其是随着外围环境的改变和核心内容生态的改变，中间的拓展层生态应当随之调整，以适应内部和外部的变化，调整理念、机制以适应整个生态的变革。生态圈内的几个生态系统是协同进化和动态循环的关系，这对整个生态圈的良性发展尤为重要，系统各要素之间共同进化演变，协同进化，谋求共同发展，推动整个生态圈进化，因而这是一个动态的循环系统，各生态因子是竞合互动的关系。

---

① 赵光武. 后现代主义哲学评述［M］. 北京：西苑出版社，2000：95-96.
② 凯文·凯利. 失控［M］. 北京：新星出版社，2011.

（四）共创空间的凸显

"相互依存"是共生时代的基本生存观念和重要特征，各种关系的构成依赖的是各种关系对象的独立性及其对其他主体的价值的认同，共生时代体现了人类的本真价值和完善理性的数字内容内涵，相互依存。

在这个相互依存的理念下建构的生态圈模型，体现了共创空间的相互依存性，圈内的内容是可以延伸的，通过在不同的空间内流动吸附用户注意力，而用户付出时间和注意力，甚至主动传播，成为内容的主动生产者，在价值共创的理念下，用户尤其是粉丝群体的生产力和传播力举足轻重，在共创空间中，品牌主、内容平台方、平台服务方和广告代理公司共同参与内容的生产和宣发，各方共同创造，共享价值。

第二节　数字内容营销传播外部环境生态系统分析

数字内容营销传播生态圈模型的最外圈层是环境生态系统（见图3-1），这个生态系统是内部各生态系统生存的环境，其发展变化影响着内部各圈层的走向和发展趋势。

本章从最外圈开始，解析品牌数字内容营销传播的生态环境。环境对于与品牌营销传播至关重要，尤其是在大的环境变局下，环境生态的重要性尤为突出，移动互联网的迅猛发展让品牌发展环境发生了前所未有的改变。根据丁俊杰的分析："当下中国广告业的主要矛盾有三个，一是前沿的移动互联网广告实践与滞后的广告意识、思维之间的矛盾。"① 他认为，随着媒介资源和格局的解构、广告主意识与思想的变化、广告服务机构形态的更迭与更替，中国广告也正在经历阵痛。面对移动互联网所带来的整体性颠覆与挑战，

---

① 丁俊杰. 中国广告业当下的主要矛盾是什么［J］. 中国广告，2017，12（15）：67-68.

国内外的广告行业都面临前所未有的挑战。可见，外部环境要素成为当下引发变革的重要前提，是改变各行业产业变革的首要因素，数字内容营销传播的整个生态的分析也须从第一圈层开始分析。下面，笔者将从经济、技术、政策等几个方面分析数字内容营销的外部环境生态系统。

一、宏观经济调整背景下大量资本进入数字内容产业

在全球贸易紧缩、货币市场风险加大的环境下，我国宏观经济进入结构调整期，文化娱乐成为经济的重点产业，加上政策调整，大量资本进入数字内容产业。互联网产业头部公司已基本完成内容生态布局。以我国三大互联网公司（BAT）为例，百度认购了华策影视募资的 20 亿元中的 10 亿元，腾讯已经成为华谊兄弟的第一大机构投资者，阿里巴巴推出阿里巴巴文学，投资光纤传媒、华数传媒、优酷土豆等，着力打造家庭数字内容生态，包括文学、电影、电视、游戏、音乐教育和电商等，各互联网公司在政策引导下争相展开数字内容产业布局。2014 年，阿里影业成立，并以 62.44 亿港元收购文化中国传媒集团 50% 的股份。2016 年，包括腾讯、阿里巴巴、小米、乐视、奥飞娱乐、光线传媒、中文在线等在内的企业大举进军数字内容产业链条，纷纷开启打通网络文学、动漫、影视、游戏、音乐及相关衍生品的全产业链运作模式。百度、阿里巴巴和腾讯三大平台（BAT）通过自建、收购或入股方式布局数字内容产业，实施数字内容战略，数字内容产业规模加速扩张，成为其最有增长潜力的领域（见表 3-1）。

表 3-1　中国三大互联网公司（BAT）数字内容领域布局

领域	百度	阿里巴巴	腾讯
文学	百度文库、纵横文学、熊猫阅读、百度书城、多酷	阿里文学、淘宝阅读、UC 书城、书旗小说等	阅文集团含原腾讯文学和盛大文学
音乐	百度音乐与太合音乐合并百度乐播、多乐电台	阿里音乐	QQ 音乐、全民 K 歌、企鹅 FM

续表

领域	百度	阿里巴巴	腾讯
动漫	百度动漫	优酷土豆、AcFun	腾讯动漫、有妖气、哔哩哔哩（bilibili）
影视	爱奇艺影业、百度影业、华策影业	阿里影业 入股华谊兄弟和光线传媒	腾讯电影、企鹅影业、华策影视、华谊影视、柠檬影视
秀场直播	爱奇艺奇秀、百秀	优酷来疯	腾讯直播、企鹅直播、斗鱼TV、龙珠TV、呱呱直播
视频网站	爱奇艺、百度视频	优酷土豆	腾讯视频
移动游戏	百度游戏	UC九游	腾讯游戏、热酷、任玩堂等

资料来源：笔者根据网络资料整理绘制。

二、数字技术生态改变了营销传播权力分配并催生了生产型消费者

数字技术生态的完善令品牌的广告投放、效果评估、消费者习惯洞察与合作伙伴的关系评估等都越来越透明，开放互联的技术生态打破了信息壁垒，由此品牌主得以掌控更多的营销传播主动权，数字技术生态的变革直接导致了数字内容营销传播的权力分配。随着内容生产、传播、宣发、广告投放等技术不断升级，大数据技术、AI技术、人工智能、5G、VR等技术的革新，2019年5G的商用意味着5G时代正式到来，5G时代将推动技术生态体系继续升级，品牌进行数字内容营销传播有了数字化支撑，品牌传播的数字内容生产模式和价值分配乃至整个生态都将迎来新的变革。如表3-2所示，大数据和人工智能已经被广泛应用于数字内容生产、运营和营销分发的各个环节，未来数字内容营销传播将更加多样、精准地运用于各层面内容，UGC、PGC、AIGC等数字内容生产类型层出不穷，尤其是随着AIGC技术的不断迭代，数字内容的生产效率大大提升。区块链技术将改变版权交易和收益分配，提升交易效率和交易公正性，内容生产和消费的距离将被缩短呈现扁平化态势，技术革新是关系到生态圈数据基础重构的重要因子。

表 3-2 数字内容生产类型一览表

数字内容生产类型	生产者及特点	常见广告形式	网络平台
PGC（Professionally Generated Content）专业生产内容	专业的机构、专业的内容生产者，内容质量较高	影视广告（原生广告）、短视频广告（病毒广告）、H5 广告等	爱奇艺、优酷、腾讯视频、微博、知乎、抖音、小红书、哔哩哔哩等社交媒体、品牌官方平台等
UGC（User Generated Content）用户生产内容	自媒体用户生产，内容质量参差不齐	种草图文广告、种草短视频等	朋友圈、知乎、微博、百度问答、小红书、抖音、哔哩哔哩
AIGC（Artificial Intelligence Generated Content）人工智能生产内容	人工智能自动生成	数字虚拟人广告、NFT 数字藏品广告、AR/VR 广告等	爱奇艺、优酷、腾讯视频、微博、知乎、小红书、哔哩哔哩、抖音

资料来源：笔者根据网络资料整理绘制。

数字内容生产的技术生态的变革导致新的社会关系和内容生产方式的变革，促使生产型消费者崛起，托夫勒在第三次浪潮中将参与产品生产的消费者称为产消者（Prosumer），在当下数字内容营销传播的本土实践中，产消者这一概念还可偏重描述在数字内容领域活跃的内容生产和传播者，如博主、UP 主、KOL 等，皆是随着微信公众号、短视频等平台发展出现的活跃群体，他们的生产力以及彼此间的多元互动关系直接影响到营销传播生态和内容生态。相对于过去传统的媒体生产关系，新媒体倡导平等、共同创造，内容生产不再单单是新闻工作者的权力，而将这一权力赋予个体用户，全体网民共同参与、共同创造，产消者通过内容生产参与到品牌营销传播生态圈中，成为品牌建设、价值共创的重要组成部分，新技术的加持让用户的协同创作更加实时、高效，品牌数字内容的生产形式更加多元。笔者将在下一章深入分析技术变革后的数字内容生态系统和用户生态系统。

三、互联网生态重塑品牌营销传播路径颠覆品牌建构逻辑

外环境生态中的互联网生态变革重塑了品牌营销传播路径，移动互联网上大量可以迅速引流和变现的数字内容为品牌营销传播提供了增效路径。随着移动互联网的普及，中国互联网络信息中心（CNNIC）第49次中国互联网络发展状况统计报告数据显示，截至2021年12月，我国网民规模为10.32亿人，手机网民规模为10.29亿人，较2020年12月新增手机网民4298万人，网民中使用手机上网的比例是99.7%（见图3-2)[①]。

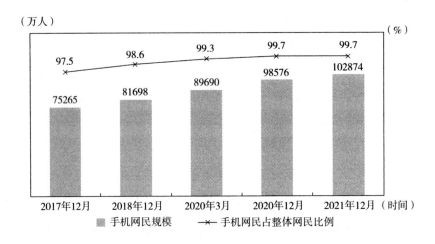

图3-2 手机网民规模及其占网民比例

资料来源：中国互联网络信息中心．第49次中国互联网网络发展状况统计报告［EB/OL］.（2022-02-25）［2022-04-30］．https：//www.cnnic.net.cn/n4/2022/0401/P020220721404263787858.pdf.

　　手机和手机上的移动终端在日渐改变着人们的生活方式，同时为营销传播提供了全新路径。广告主预算日渐倾斜，加上过度传播让品牌营销困难重重，面对媒介环境的碎片化、消费场景的多元化，品牌内容若不具有穿透力，常常被淹没在庞杂的内容海洋中，难以送达客户端。如何让信息具有穿透力，在众多信息中脱颖而出，引发关注，无疑是现在品牌营销传播面临的困境。"多即是少，少即是多"，内容越多，能有效触达的信息就越少，于是很多品

---

　　① 中国互联网络信息中心．第49次中国互联网网络发展状况统计报告［EB/OL］．（2022-02-25）［2022-04-30］．https：//www.cnnic.net.cn/n4/2022/0401/P020220721404263787858.pdf.

牌主和代理公司不断以数字内容作为捷径来试水，借用其现成的流量和粉丝引流，提升品牌营销传播效能。

强调效率的互联网时代颠覆了品牌建构逻辑，从"先商业再品牌"转换到"先品牌再商业"。菲利普·科特勒认为，品牌是销售者向购买者长期提供的一组特定的特点、利益和服务。在传统的产品时代，商家的逻辑是在生产出产品或提供服务后，再进行营销，随着知名度慢慢打开，积累口碑形成品牌，再投入预算不断建设和强化品牌认知，提升品牌资产。这一时期，从产品的诞生到品牌的形成，需要长期的打磨，品牌不仅是商业和资本运作的结果，还承载着人们对其产品与服务的认可，是顾客和品牌主产生关系时所衍生出的产物。一些历史悠久的品牌，如可口可乐等，都是由资本、时间、产品和服务口碑等累积而成。可见，传统的商业环境下，各品牌发展依靠的是资本、生产、技术、渠道、广告等要素的组合。在互联网时代，符号、价值、创新、模式、传播等成为品牌建设的重要竞争要素，传统的品牌建构逻辑在互联网时代正在被颠覆，品牌的塑造可以先有一个概念，通过策划、包装、路演寻求风险投资，资本的注入大大加速了品牌化过程，资本帮助品牌扩大声量，大大缩短了品牌成长周期。例如，蔚来汽车、瑞幸咖啡等品牌均靠风投迅速崛起；有的品牌仅源自一个人、一个想法、一个概念或者一个视频，如"答案"奶茶、吴晓波的"吴酒"、冯唐的"春风十里不如你"茶叶等都是源自一个 IP 的品牌。

"先品牌再商业"是数字时代强调效率和效果的产物，品牌调性和定位先行，品牌形象、品牌个性附着在数字内容上进行传播，大大提升了品牌创建的效率。例如，笔者调研了"元气森林"这一新创饮品品牌，该品牌在没有自己产品线的情况下增长迅速，在天猫、京东等电商平台的销量超过了农夫山泉经营了几年的东方树叶和三得利乌龙茶，该品牌将自己定义成互联网创新型饮料，主要在小红书、微博等社交平台进行传播，通过与明星在网络综艺、微博上的合作，并在抖音上与营养师合作，打造了运动后首选饮品的低卡健康饮品品牌。可见，如今品牌的成长周期和崛起更依赖资本，资本的会聚又与内容和声量紧密相关，这直接引发了数字内容产业市场迅速增长，当下的品牌建设模式与传统市场不同，在流量为王、粉丝经济的商业逻辑下，各利益方更关注品牌化的效率和转化率，导致 IP 成为资本集聚的核心和品牌化的聚合点并在生态变革中重构品牌建构逻辑。

四、"互联网+"、数字创意产业的政策性优势和监管体系不断完善

"互联网+"的基础设施建设为产业融合提供了基石，数字创意产业政策倾斜为数字内容产业繁荣提供了沃土。数字内容产业在 2015 年受到各主管部门的高度关注，相关部门出台了以支持、保护为主基调的相关市场政策和规范，为数字内容产业健康发展提供了保障。例如，国务院出台了"电影产业促进法草案"，广电总局出台了"推进音乐产业发展若干意见"等政策，国家财政部和广电总局为国产影片、动漫产业、文化产业等小微文化企业提供扶持成长计划，带来泛娱乐细分领域产业的新规模增长。国家相关部门对于版权的保护政策有利于数字内容产业生态良性发展，如《著作权法》的第三次修订，以及国家新闻出版广电总局加强对境外影视剧的"数量限制、内容要求、先审后播、统一登记"[①] 等管理措施，为国产剧的发展提供了更大发展空间。

2016 年 3 月的《政府工作报告》首次从国家层面提出了"数字创意产业"的概念，报告指出要加快现代服务业发展，大力发展数字创意产业。同年 12 月，国务院印发《"十三五"国家战略性新兴产业发展规划》（以下简称《规划》），首次将数字创意产业与信息技术、生物、高端制造、绿色低碳产业一并列入国家五大战略性新兴产业之一，正式将其纳入新兴产业范畴，指出计划到 2020 年，形成文化引领、技术先进、链条完整的数字创意产业发展格局。

在《规划》的指导下，国家发展和改革委员会出台了"十三五"《战略

---

① 2016 中国泛娱乐生态发展报告［N/OL］.（2016 - 03 - 31）［2022 - 06 - 30］. http：//www. 199it. com/archives/457019. html.

性新兴产业重点产品和服务指导目录》（以下简称《目录》），其中明确了国家战略性新兴五大领域和八大产业，数字创意产业是八大产业之一。在《目录》中将数字文化创意内容制作描述为："主要包括依托互联网、移动智能终端等新兴媒体进行传播的数字化音乐、动漫、影视、游戏、演出、艺术品、电子出版物、广告和移动媒体等的设计开发服务"，数字创意与相关产业融合应用服务包括数字创意在电子商务、社交网络、教育、旅游、医疗、体育、三农、展览展示、公共管理等各领域的应用业态。①

此外，外部监管体系已经从制度化层面进入具体数字内容管理层面，对内容生态的价值导向和质量提出了更高的要求。这些政策推出后，政府调控导向效果明显，使互联网产业和文化产业日趋融合，文化产品的市场价值越来越高，数字内容产业生态向更健康的方向发展，在促进文化产业振兴和国家文化软实力构建中发挥着重要作用。

第三节 数字内容营销传播扩展生态系统分析

数字内容营销传播扩展生态系统的主要参与要素包括品牌主、广告代理、平台服务方、内容平台方等部分，主要分布于广告行业、内容产业和互联网产业（见图3-1）。

受到外部生态环境系统变化的影响，各参与要素的角色分工及相互关系在数字内容的聚合生态下正发生显著变化，内容生产机构和传播机构日渐多元，尤其是一批依托新技术、新算法兴起的内容平台方开始专业化运作，品牌数字内容营销传播的内容生产机制、协同机制、营销传播机制正在进行生态型演变。在技术革新驱动下，数字内容生产和分发从标准化、规模化转向

① 战略性新兴产业重点产品和服务指导目录（2016版）[EB/OL]. https：//www.ndrc.gov.cn/xxgk/zcfb/gg/201702/t20170204_961174.html? code=&state=123.

定制化和个性化，内容生产机构日趋多元，数字内容生态正在重构，品牌营销传播规则发生了改变。

一、品牌主——关系导向的数字内容生态进击者

多元的内容和平台在为品牌主提供机遇的同时也带来了挑战，过度传播使品牌主信息的传播力度被削弱，品牌主更重视创意，注重用户关系的经营与维护，"伴随着 SNS、论坛、微博的兴起，广告主开始行动，不断挖掘社会化媒体的营销价值，实现更即时的沟通，建立更高黏度的关系，广告主正在经历一场由交易到关系的营销变革"。[①] 根据舒尔茨的品牌关系理论，一致性、认同感和持续性是关系的关键元素，这些元素被称为"消费者——品牌关系"，如何与消费者建立起亲密的品牌关系进而达成品牌认同，并保证这种关系的长期持续性，是突破碎片化、过度传播困境的有效路径。在唐·E.舒尔茨提出的 4Rs 营销理论中，强调通过关联（Relevance）、反应（Reaction）、关系（Relationship）和回报（Reward）四个方面与消费者以更有效的方式建立起新型的主动性关系。关系范式下的新型营销理论着眼于如何与顾客建立关联，倾听顾客需求并提高市场反应速度，以互动和沟通为主要手段建立与顾客的稳固关系、产生回报。关系导向下的品牌常借助有创意的内容传递价值观，增强品牌认同，提升用户的品牌忠诚度。有的品牌通过在数字内容各领域进行内容布局，成为数字内容营销传播的探索者和进击者，品牌主成为数字内容的生产者之一，通过数字内容营销传播战略，提升品牌营销传播效率，积累品牌资产。

品牌主是整个数字内容营销传播活动的主要发起者和费用的支出者，是品牌营销传播的主体，互联网技术的革新为品牌主提供了精准的投放数据、实际且可量化的效益评估的可能性，数字内容营销形式的整合和传播路径优

---

① 杜国清，邵华冬．消费者增权下的广告主社会化媒体运作策略分析与展望［J］．现代传播，2014（1）：104-109.

化为品牌主提供了全新的营销生态。数字内容营销传播外部环境为品牌传播提供了前所未有的机遇和挑战，随着信息不对称现象的日趋消弭，品牌主在数字内容的创作和传播平台的分发上拥有了主动权。在过去，尽管有的品牌主进行了很多数字内容传播的尝试，但由于生产成本和传播门槛相对较高，效果可能并不理想，当下的环境则为品牌主提供了开放的空间和较低的门槛。随着内容生产和传播环境的改变，越来越多的品牌主成为数字内容营销传播内容的进击者，在影视、综艺、音乐、游戏、动漫各领域进行跨界尝试，很多现象级案例出现并引发了较大的社会反响，新兴媒体和数字广告形式的整合、优化转化路径、提高转化率成为品牌主制定营销传播策略时的重要关注点。

二、内容平台方——聚合生态的构建者

2014 年，乔纳森·格里克在《平台型媒体的崛起》一文中提出了"平台型媒体"（Platisher）的概念。Platisher 一词由 Platform（平台商）和 Publisher（出版商）组合而成，这一概念后被杰罗姆进行了完善："平台型媒体"是既拥有媒体的专业编辑权威性、又拥有面向用户平台所特有开放性的数字内容实体。这一概念强调了平台型媒体的内容和技术的混合属性，也强调了平台型媒体的数字内容兼具把关性和开放性。西方学者也常用 Media plat-form（媒介平台）、Platformpress（成为出版商的技术平台）和 Digital Intermediaries（数字中介）等词汇来指代平台型媒体。

国外的 Twitter、Meta（原 Facebook），国内的腾讯、字节跳动、百度、爱奇艺等都是平台型媒体的代表。这些平台汇聚了巨大的内容流量，平台不仅是科技开放的呈现和媒介的融合，同时实现了内容产业链的融合，让数字内容生产和消费方式向着平台化发展，呈现出内容的社会化生产的明显特征。

平台型媒体兼具把关属性和开放属性。在把关属性上，平台方作为新的内容生态的"把关人"，掌握数字内容的生产和分发，在数字内容生产上通过扶植计划、专项策划等活动引导 PUGC（专业用户生产内容）的数字内容生产扶植平台内容创业者生产专业性强、原创性高、符合平台特性的数字内容，如今日头条投入数亿资源推出各项内容创作者扶植计划，提升平台内容生产活力，优化平台内容生态。在数字内容分发上，通过基于大数据基础上的智能算法将数字内容精准匹配给不同用户，将内容、用户、场景匹配满足用户个性化需求，如常用的协同过滤土建、基于内容的推荐等，提升平台的用户黏性。

平台型媒体通过以上技术在生产和分发中的变革，重新定义了数字内容的生产和消费的法则，重构了内容生产者和消费者的关系，随着内容生产、分发、消费的界限日益模糊，平台方成为横向聚合数字内容的生态构建者，这一角色让"内容生态中的传播方呈现出横向聚合，走向垂直纵深，当下最具影响力的大多都是横向聚合的平台"。① 生态化平台在整个营销传播中的协同能力和商业价值正在凸显，平台方将制作方、投资方、运营方多个要素吸纳至数字内容营销传播生态中，聚合品牌与内容开始全产业运作，促进了广告行业、互联网产业、内容产业的融通共生，数字内容产业的聚合平台通过打通行业壁垒、建构产业生态、创新商业模式推动了品牌数字内容营销传播的生态进化。

过去的内容传播借助的是传播渠道，渠道是内容到受众的通路，通常是点对面的传播，传统的渠道既是通路也是区隔，隔开了品牌主与受众，也隔开了受众与受众。然而平台是共生的、复合的，"平台是内容到达用户的多元路径、复合生态，用户被聚集在平台上，用户与用户在平台上连接。同时，内容生产者与用户汇聚在平台上，用户也可能随时转化为生产者"。②

平台方在数字内容生态上的作用表现在以下四个方面：一是平台方通过聚合数字内容和用户，构建起基础的数字内容的生产与消费生态，通过优化界面和内容提升用户体验，增强用户日活和黏性。二是平台方主动成为数字内容的生产者和传播者，围绕IP打造属于平台的核心内容，内容IP化成为自媒体的主要趋势，也成为平台流量的关键支撑点。各平台方在内容领域竞

① 胡正荣. 内容生态及其良性发展 [J]. 新闻与写作，2018（10）：卷首语.
② 彭兰. 智能时代的新内容革命 [J]. 国际新闻界，2018（6）：88-109.

相布局，构建自有内容生态。例如，腾讯以企鹅号打通腾讯全网平台流量，形成一站式内容运营平台，包括 QQ、微信、QQ 空间、QQ 音乐、腾讯视频、腾讯新闻等；阿里巴巴依靠电商资源和大数据打造"大鱼号"。三是孵化培育平台内容生产者，搭建平台数字内容生态体系。平台方通过广告分成和平台补贴为内容生产者变现提供多样的内容变现模式，平台方为内容生产者提供广告营收、流量提成、付费内容等方式作为其变现通路和收益保障。例如，百度作为国内最大的搜索引擎，聚集优质创作号，打造"熊掌号"，打造内容搜索和信息流为主的"内容双引擎"；今日头条拥有内容优质且影响力大的独家资源，包括 UGC、OGC、PGC 等丰富创作主体类型，通过沉淀粉丝、提升日活成为高转化率的内容平台。四是通过数据控制数字内容分发权，流量和数据通过复盘直接作用于内容生产，机器运算法则、流量扶植等成为部分平台的核心技术，通过数据提升内容分发的精准化，为品牌主进行数字内容营销传播提供定制分发计划，令营销传播更加精准可控。同时，数据可以反馈至数字内容生产端，为内容生产方提供数据，以便及时调整内容生产方向，优化内容生产模式。

平台方直接对接品牌方或联合内容方，为其提供定制数字内容营销传播服务，定制的数字内容成为内容生态的重要组成部分。品牌方、平台方、用户、内容生产方在整个内容生态中是共生共赢的关系，平台作为聚合点，如同枢纽和交汇点，需要在数据前提下平衡各方利益，各方利益的平衡是整个生态健康稳定发展的关键，平台方同时承担了生态环境的主要协调者和把关者的作用，通过算法平衡利益与责任、热度与伦理，用正确的价值观规训优化机器算法，引导良性的数字内容生态。

三、广告代理——求新求变的应战者

广告代理公司是广告业务代理的主体，在欧美国家较为成熟的广告代理制确定了广告主、媒介和广告公司之间的博弈关系，确定了品牌主、广告公司与媒介之间的明确分工。广告主委托广告公司制定和实施广告计划，广告

媒介通过广告公司制定和实施广告传播计划，规范的业务代理费是整个流程的基础。然而在曾经媒体主导的营销传播生态下，我国的广告代理制并未得到很好的推行，广告代理公司的业务专业性不强，在博弈关系中处于弱势的一方，后来随着企业占据主导地位，广告代理方在整个生态中的地位也一直较为被动。随着数字营销时代的到来，对4A广告代理公司的质疑和"4A衰落论"也随之而来，面对这样的窘境，广告代理公司在整个生态中成为被动应战者，面临的困境和挑战主要表现在以下三个方面：

首先，随着数字内容营销传播环境的改变，尤其是平台方更多地选择直接与品牌方对接，在微博、微信、抖音等社交平台上进行数字内容发布更加灵活可控，这些为品牌主提供了前所未有的数字内容生产和发布的自主权。在这个态势下，传统的4A广告代理公司的生存空间被挤压，广告代理公司正通过增设数字内容营销传播业务积极求新求变，以满足品牌主日益多元的传播需求，有的与MCN等机构进行矩阵式合作，从全案策划上为品牌主提供数字内容营销传播解决方案。其次，面对品牌主对精准投放的传播要求，广告代理公司在数据使用和投放方案结合上进行探索，广告行业新的运作流程和产业链条正在逐渐形成，"广告的供给方和需求方通过广告交易平台实现流量交换，进而变革了生产关系，使得原有依附于媒体的纯粹中介型广告公司大量消亡，大量技术背景的互联网需求方平台和数据管理公司已经成为广告产业的新型市场参与主体"。① 本土广告公司积极整合数字业务，通过并购数字内容营销公司，招揽数据挖掘人才，开发数字营销业务，与营销传播公司形成战略联盟等方式积极求变，以数字内容传播作为业务拓展点，优化组织结构，提供内容营销服务。最后，当越来越多的品牌主将预算直接投向互联网平台方，面对百度、爱奇艺、抖音等这些之前属于行业外的竞争对手，广告代理公司只能被动应战，通过整合优质数字内容资源、注重品效合一的

① 喻国明，潘佳宝."互联网"环境下的中国传媒经济的涅槃与重生——2015年中国传媒经济研究的主题与焦点［J］.国际新闻界，2016（1）：42-52.

数字内容营销传播策划方案，配合更完善的事前评估体系和事后效果评估体系，才能为品牌主提供更专业的服务，以满足品牌主在流量中扩大声量同时提高转换率的双重需求，通过跨媒介整合营销传播确保传播效果。

四、平台服务方——数据基因的猛进者

平台服务方包括为平台提供数据分析、支付渠道、硬软件支持、第三方检测机构等服务的利益相关方。数字内容营销传播的平台服务方是指融合了营销、技术、管理等业务的公司，这些公司通过营销技术提升品牌主与内容之间的匹配度，通过评估和精确投放提升数字内容营销传播效果。数字平台服务方掌握着关键的营销技术，如 MarTech（Marketing Technology）这一概念是指用于管理和评估、数字营销活动及电商活动整个营销过程的技术和方法，通过技术管理整个营销系统，从而提升转化率、精准地挖掘用户、优化营销策略，进而更好地解决品牌与用户的关系。

大数据、智能算法、人工智能等内容分发技术工具为整个生态带来了新的营销传播体系和营销逻辑，数据技术类公司参与到整个营销传播体系中并成为重要的参与要素，营销传播由创意驱动转向技术驱动的新营销逻辑，品牌主、广告代理方和媒体都需要借用大数据技术在不同层面优化品牌营销传播路径、提升营销传播效果。以元气森林这一品牌为例，其品牌命名、品牌形象设计和"零糖、零脂、零卡"的品牌定位建立在大数据挖掘的基础上，从品牌创建的初始阶段用数据挖掘技术将最受消费者青睐的词汇与字体筛选出来作为品牌定位与形象设计，成功的营销实践证明了这一逻辑的有效性。

"大数据技术影响下的新媒体广告，从目标消费者的精准定位、消费需求的分析和预测、投放过程的精准可控、广告效果的精准评估四个方面全面实现了精准传播。"[①] 算法分发是基于用户在互联网上的行为数据，对用户的

---

① 倪宁，金韶．大数据时代的精准广告及其传播策略——基于场域理论视角［J］．现代传播（中国传媒大学学报），2014，36（2）：99-104.

兴趣爱好等有效数据进行抓取，形成精确的用户画像后进行个性化、标签化的内容分发，大数据、人工智能技术、算法等技术服务成为数字内容营销传播的技术保障。

数据生态是整个数字内容营销传播生态的根基，是品牌主、平台方、代理公司制定营销方案的重要依据，然而在利益驱动下产生的数据造假等产业链正在干扰数字内容营销传播生态。根据 2018 年 AdMaster 发布的《广告反欺诈研究报告》，无效流量占比达 31.7%，这些流量造假、数据造假会直接干扰到品牌主、代理公司和平台的平衡关系，从而间接影响整个生态的良性发展，因此客观权威的第三方数据平台、政府相关机构严格的监管是保障健康数据生态的关键。

第四节　数字内容营销传播核心生态系统分析

居于数字内容营销传播生态核心的生态系统是以 IP 品牌为聚合点的内容生态系统和用户生态系统（见图 3-3），下面将分别对两个生态系统进行分析。

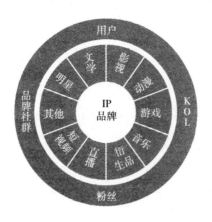

图3-3　数字内容营销传播生态圈模型的核心生态系统

资料来源：笔者绘制。

一、数字内容营销传播内容生态系统分析

（一）数字内容生态系统构成概述

根据数字内容培育和开发路径、细分领域经营模式的不同，通常将数字内容生态系统划分为三部分：基础培育孵化层、中端运营层和衍生变现层。首先是以网络文学、漫画等数字阅读类内容作品 IP 为代表的孵化层，它在生态体系中是内容的生成起点，是各内容平台重点培育和孵化的对象。其次是以动画、电影、综艺、短视频、音乐等为代表的中端运营层，利益方在孵化层的基础上进行内容运营，彰显 IP 影响力的关键环节，对整个生态系统起到承上接下的关键作用。最后是以游戏、演出、衍生品为代表的衍生变现层，是 IP 价值释放和衍生的过程。这三个层次皆以 IP 品牌作为核心。三个层次作为一个生态系统的组成要素，具有"自组织性"，系统的运作动力来源于各要素之间的相互作用，三个要素的动态循环对整个系统的良性循环起到至关重要的作用，是一个动态发展的循环系统，孵化层内容的好坏影响着运营层和衍生层的生态，而运营层和衍生层的运行也关系到孵化层，三者是一个系统、整体的运作体系。

下面从数字内容生态的核心——IP 品牌的培育和创建和维护上来具体分析内容孵化、培育和衍生变现路径。

（二）数字内容 IP 品牌的创建与价值评估

注重版权保护、品牌授权和延伸，这是 IP 的表面符号能指，更多强调的是有版权的，只有在法律上得到足够的保护，内容的创作者、投资者的权益才能真正得到保障，产品的交易、品牌授权、资本流动才能得到保证，内容生态才能更好发展。例如，美国对版权的关注推动了 1976 年《美国版权法案》的通过，该法案规定作者及其受让人享有独占的、对原作品进行复制、发布及其他用途的使用权利。技术的进步和全球化趋势迫切要求该法案做出相应的修改，"版权的概念不再局限于对传统书稿的保护，而且拓展到了包括电影、录像带、电脑程序、数据库，以及艺术品和雕塑在内的其他原创作

品"。"知识产权""著作品"等词频繁出现，界定了某个创意或概念所有权的拥有者、拥有的时间、拥有的范围及其拥有原因。一个创意可以为某个人或某个机构所拥有，他人不得擅自以任何形式对其进行抄袭，无论是出于营利还是非营利的目的，创意和概念的所有权是一个复杂而又重要的问题，因为版权保护涉及授权、续集拍摄等。创意是数字内容的灵魂，但版权是其收益得到保证的关键，而收益得到保障才能吸引更多的人才进入，激发更多优质内容。优质 IP 的成长轨迹包括孵化、开发和变现以及二次变现的过程，如同品牌的创建、经营和延伸，将优质的有版权保障的内容孵化并将其作为品牌进行建设，是当下数字内容的生态的热点、重点和趋势，笔者将依照品牌创建的路径进行IP 品牌建设，为品牌孵化创建、运营、价值评估、延伸等提供方法论。

并非所有内容都可以成为数字内容 IP 品牌，从商业变现维度看，必须具备可制作、可融资、可营销、可观赏四个条件。可制作即可以成呈现为多种形态的产品，从视觉到听觉各种符号，从电影、电视到游戏、音乐、动漫、文学、延伸品等，延伸性强，创造多种价值；可融资即可以吸引到资本进入，投资是制作的保障；可营销即有营销点，适合营销传播；可观赏即有用户关注，可以吸附粉丝。成为数字内容的 IP 品牌潜质包括以下四点：一是数字内容须具有正确的价值观；二是内容能迎合和承载用户的情感；三是内容具备持续生产能力；四是内容具有跨平台多元演绎的流通性。优质 IP 品牌具备稳定的受众，可以吸引用户主动进入，具备共情和制造话题的能力。IP 是数字内容的核心，是打通多领域壁垒的内容品牌，正在改变传媒产业链，IP 产业成为数字内容产业集群的引爆点，串联起多元化的文化产业，其商业价值也被重视并挖掘。下面，笔者将围绕 IP 品牌的运营路径、价值评估、交易变现等角度进行梳理。

1. IP 品牌的运营路径

（1）IP 品牌的开发运营和延伸变现。

第一，建立核心品牌联想。通常步骤是定义并创建品牌精粹，描述品牌与竞争对手的差异性并对品牌含义进行提取精练，定义核心品牌联想，形成品牌精粹，精粹要能反映品牌的"精神与灵魂"①。核心品牌联想是对品牌最重要的部分的概括，可以涉及 5~10 个方面的属性和利益的抽象提炼，由此展现差异点和共同点，这是品牌定位的基础，也是品牌核心精神的浓缩。通常用短而精的 3~5 个单词或短语表现品牌内涵、品牌定位、品牌价值。彰显品牌精髓或核心品牌承诺，一旦形成，可以成为内部员工和外部利益者理解品牌的符号参照。定义品牌精粹时要注意其传播性、简洁性和启发性。以上是普通品牌的定义方法，对于 IP 品牌而言，这个精粹的外在符号可以更加多样，但核心不变，IP 品牌核心品牌价值的传递应建立在粉丝情感共鸣的基础上，需要配合品牌名称形象识别、联想、品牌定位、品牌叙事、品牌延伸等。

第二，挖掘 IP 品牌内涵，明确品牌价值观。IP 的生命力在于其内涵和价值观，IP 品牌应具备独特的品牌形象、品牌个性，更应有明确的价值观、品牌调性和品牌内涵，如善良、勇敢、梦想、坚毅等。例如，爱奇艺 2018 年热度最高的电视剧《延禧攻略》表达了女性的独立、忠诚和智慧等价值观；《千与千寻》传递了勇敢、善良、坚韧等内涵。

第三，发现、培育并建设 IP 品牌，可以自创品牌数字内容，也可以购买版权开发成不同产品，进行营销变现。随着全版权概念的盛行，很多大的互联网平台利用资金和平台构建 IP 产业链，吸引了大量资本进入该领域，抢占优质资源，建立数字内容产业闭环。以一个 IP 品牌为核心的数字内容产业布局，是一个长期的价值挖掘和品牌建设过程，是全产业链的运营。

第四，IP 品牌建构是一个漫长、持续的过程，需要周密的规划和实施，实施步骤包括品牌战略规划、调查研究、确定目标市场和受众、界定 IP 品牌核心价值、IP 品牌定位、内容定位、目标消费群体定位、情感形象定位、观念定位、IP 品牌承诺、IP 衍生产品规划和开发、IP 品牌叙事、IP 品牌推广

①　凯文·莱恩·凯勒. 战略品牌管理［M］. 卢泰宏，吴水龙，译. 北京：中国人民大学出版社，2009：89-90.

实施和维护、形成 IP 品牌文化等。

（2）IP 品牌的延伸和变现。

IP 品牌延伸和变现是数字内容产业链的贯通过程，由一个 IP 发展为一个 IP 体系，由一个品牌发展为一个品牌集群。品牌集群由核心品牌与其衍生品构成，通过群落聚合影响力。小说、漫画、音乐、影视剧、游戏是几种常见的 IP 资源。从价值变现角度上看，以 IP 品牌开发服装、配饰、玩具、食品等衍生品，可将其价值最大化发挥。全产业链开发需购买 IP 资源版权，然后进入影视剧制作及发行阶段，再开发游戏、玩具、手办、同款服装、主题公园等各种衍生元素。目前，以网络文学 IP 资源为基础改编影视剧，进行初步价值变现，接着通过游戏、服装、主题公园等实现价值最大化，这样的 IP 全产业链开发产业已经成为一个千亿级的新兴市场。

品牌延伸常用的方式主要有特许、商品授权、赞助等，品牌建设和品牌延伸是一个系统工程，需要专业团队策划执行，并建立长期战略和布局，通过长期投资塑造累积效应。典型的 IP 运营模式包括"动画电影+全产业链延伸""小说出版+电影版权+衍生品""网络文学+影视授权""出版社影视投资+反哺 IP""影游联动"等。例如，电视剧《花千骨》热播后，大电影、同名手机游戏、玩偶、电商等多产业围绕这个 IP 联动共生，还可以用 T2O（TV to Online）模式销售衍生品，让用户边看边买。

2. IP 品牌的价值模型与评估

（1）IP 品牌价值模型。

常楠在《文化创意塑造品牌价值》中将文化创意塑造品牌价值的过程总结为 3M（见图 3-4）。

图 3-4　文化创意塑造品牌价值 3M 模型

资料来源：笔者根据常楠在《文化创意塑造品牌价值》中的理论整理绘制。

该模式从三个层面分析了文化创意内容在品牌价值中的作用路径：首先是确定目标，围绕品牌传播的预期目标和品牌定位，进行内容的创意策划。其次是内容，综合分析品牌内涵、品牌理念等因素，形成品牌识别和联想，选择合适的内容塑造品牌性格，赋予品牌生命。最后是方法，突出品牌的个性，唤起消费者的认同和共鸣。该模式以目标为导向为 IP 打造品牌并提升价值提供了方法路径，强调了内容和品牌的匹配度问题，肯定了品牌个性在品牌关系建立上的价值和作用，但是对于具体品牌价值的评估、品牌资产提升、具体匹配维度等都未提及，尤其在 IP 品牌本身的价值上并未有很明确的提炼。笔者从 IP 内容本身及其在营销传播中的作用为衡量维度，将 IP 品牌的价值分为内容价值、互通价值和衍生价值（见图 3-5）。

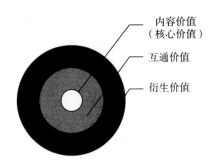

图 3-5 IP 品牌价值

资料来源：笔者绘制。

最内部圈层是原生内容价值，原生内容体现了 IP 所蕴含的文化、价值观等精神层面的潜在价值，是能否进行 IP 全产业链开发的重要基础，也是 IP 资源的核心价值，即品牌核心价值，通过价值观的情感共鸣，文化和精神层面的内容联结和聚合，吸附粉丝，激发认同；中间圈层是 IP 的互通价值，IP 互通价值主要体现在影视剧改编、游戏开发等价值是否可以泛化，这个过程关系到粉丝积累和粉丝迁移，关系到价值变现的用户基础；最外面一个圈层是 IP 衍生价值，IP 产品日趋成熟，影响力持续集聚，可以在异业圈层通过授权、合作、资源置换等方式发挥 IP 品牌的衍生价值，最终实现 IP 价值的最大化。

（2）IP 品牌价值的评估与交易变现。

发现并评估 IP 的价值，可以从不同维度评估指标，然后依据各项数据指标的表现评定 IP 的价值，在发行前进行 IP 价值评估、发现优质 IP，发行后还需要在 IP 运营中掌握用户的情况，为 IP 的精细化运营提供数据支撑，从而进一步提升 IP 价值。此外，还需要深度渗透数字内容产业各个环节，并使用精准的数据分析制造一个数字内容产业的良性闭环（见图 3-6），基于数据和算法来确定 IP 的价值，通过数据源分析、语义分析、作品库分析、数据建模和多维度数据标签为粉丝画像等为 IP 开发/运营进行综合评估。

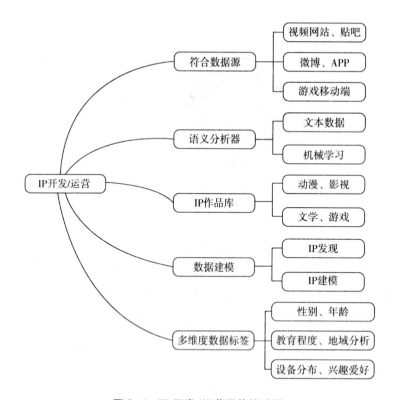

图 3-6　IP 开发/运营评估缩略图

资料来源：笔者根据网络资料绘制。

部分高校与平台方建立合作关系，提出内容银行等概念，搭建了内容交易服务平台，为内容生态系统的建设和优化奠定了基础。2016 年，清华大学《传媒蓝皮书》课题组编撰了《2016 中国 IP 产业报告》，报告选取目前已公开的 IP 影视项目，通过数据分析模型，对 IP 的影响力进行评估。2008 年，黄升民提出了内容银行的概念；同年，由中国传媒大学内容银行重点实验室和行圆公司联合发起的国内首家内容交易服务平台——圆融内容交易服务中心成立。

　　近年来，涌现出一众 IP 版权交易的专项交易平台，这为 IP 品牌价值变现提供了便利，第三方数据系统开始提供 IP 价值评估、监测、版权交易等服务，为整个数字内容生态提供了价值评估和流通平台，代表性的机构有鲸观、秒啊、泛娱宝、版权家、秒鸽传媒交易网等（见图 3-7）。阿里巴巴旗下的鲸观平台专注视频版权服务，为用户提供视频版权智能编目、24 小时监测保护、素材价值重塑和变现，释放版权价值。泛娱宝为数字内容领域的影视、文学、动漫、网络游戏等数字文化产品提供投融资服务。版权家交易平台包括了影视、游戏、动漫、周边产品品牌等全产业链开发业务，提供 IP 第三方热度评测、推介、版权交易等服务。秒鸽传媒交易网是目前国内最大的 4K 视频交易平台，是提供版权信息、咨询、服务和交易的一站式交易平台。艺恩公司在 2015 年推出了中国 IP 价值榜，对网络文学、传统出版物和动漫游戏等 IP 进行全方位解读，另外还推出了动漫行业 IP 价值研究报告，认为国内动漫行业正迎来 IP 全版权运营时代。2017 年，腾讯成立"垂直行业内容银行"，包括优秀内容平台展示、媒体价值数据化评估、在线广告交易平台、媒体管理增值服务四项功能。以数据科技公司艺恩为例，该公司通过大数据、AI 技术连接内容与消费者数据，以内容营销、内容运营、内容电商为场景，为品牌主提供社交平台的数字内容营销、IP 联名、电影票房和创意中插等专项数据和营销方案。2017—2021 年，艺恩公司连续四年推出《艺恩文娱数据白皮书》，围绕商业价值，聚焦 IP 生态、产业科技、电影、视频 IP、艺人、内容营销等领域提供文娱全行业数据报告。

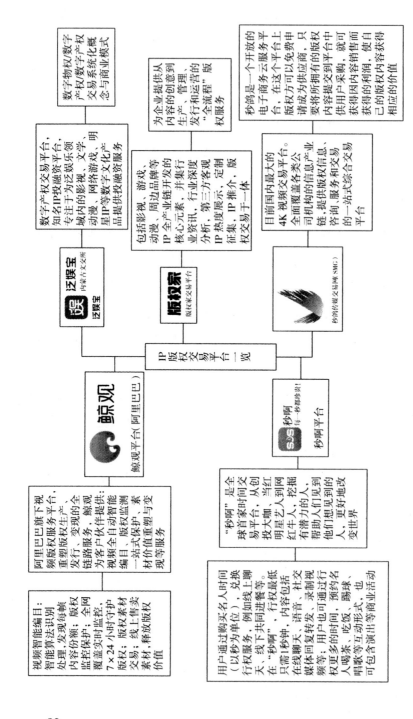

图 3-7　IP 版权交易平台一览

资料来源：笔者根据调查整理绘制。

随着各方对内容的预测、评估、交易需求的日益旺盛，品牌主如何选择匹配度高的内容，成为技术等第三方关注的重点领域，而创意中插、植入营销、自媒体中各类内容营销形态让整个数字内容生态愈加需要更加客观、科学的评估体系，确保兼顾品牌与 IP 内容的共赢获益，而不是产生消耗或正正得负的相反效果。只有 IP 品牌的运营体系得到良性发展，价值评估日趋科学化，整个数字内容生态体系才能更好地作用于拓展生态系统，实现长远价值，以互联网为驱动、以 IP 为核心的数字内容生态系统加速了内部圈层的融合，带动了与外部生态系统的重构。

二、数字内容营销传播用户生态系统分析

(一) 数字内容营销传播用户生态系统构成

数字内容用户分布在各细分领域的用户中，易观 2017 年的数据显示，在各细分领域中，视频、音乐用户居首位，其次是游戏、文学和二次元。本书将数字内容用户按照用户内容使用情况和影响力分为四类：普通用户、粉丝用户、KOL 群体和品牌社群用户 (见表 3-3)。普通用户以内容消费为主，是数字内容平台的流量贡献者、注意力经济的目标群体，也是品牌的潜在消费群体；粉丝用户更加主动，往往主动分享内容和品牌信息，制造话题，主动生产制作、分享内容，因而是品牌和内容的产消者，既是生产者又是消费者；KOL 群体是有影响力、有粉丝的意见领袖，因而具有话题引导能力和信息裂变能力，是流量变现的引导者；最后一类是品牌社群用户，这些用户有品牌偏好，是品牌内容的接收者，也是品牌的主要消费群体，在信息传播上具有裂变能力和变现能力。

表 3-3　用户生态系统的构成及特点

用户生态系统要素	特点	与内容生态的关系
普通用户	内容的接收者、主要流量的贡献者、注意力经济的目标对象、潜在消费群体	内容和品牌信息消费者

续表

用户生态系统要素	特点	与内容生态的关系
粉丝用户	主动寻找、分享内容和品牌信息，制造话题，主动生产制作、分享内容	内容和品牌信息消费者和生产者
KOL 群体	生产内容、分享内容，引导话题走向，带动流量，推动信息高效曝光	内容和品牌信息消费者和生产者、信息裂变、流量变现的引导者
品牌社群用户	有品牌偏好，是品牌相关内容的接收者和传播者，是品牌的主要消费群体	内容和品牌信息消费者和生产者、信息裂变、流量变现的消费者

资料来源：笔者绘制。

（二）数字内容营销传播用户的特点和趋势

1. 年轻群体成为消费主力，亚文化凸显长尾效应

数字内容产业的兴起与网络亚文化的存在关系密切，数字时代权威话语被日渐消解，娱乐土壤肥沃，代际变迁带来了话语体系改变，这与"90 后""00 后"等年轻群体密不可分，主流文化更迭，亚文化兴起。

亚文化是相对的概念，又可称为副文化，与主文化相比它是局部的、非主流的，是某个区域或群体特有的文化现象，更加追求个性需求和审美文化。网络是亚文化的沃土，以 KOL 为主导、同好社群相聚的亚文化被孕育和助推，如"宅文化""嘻哈文化""二次元"等网络虚拟社区更加开放和多元，日趋形成"长尾效应"。艾瑞咨询 2021 年中国二次元产业研究报告显示，中国的二次元产业已经步入爆发期，2020 年整体市场规模达 1000 亿，年增速达到 32.7%；泛二次元用户规模在 2020 年为 4 亿人，预计 2023 年将达到 5亿人，年轻人的成长和消费将直接影响到二次元市场，二次元文化也在向主文化靠拢。从内容上看，二次元文化与中国传统文化日趋融合，通过趣缘社群等迅速传播，成为数字内容生态的新趋势。

红杉资本关于"00 后"数字内容消费的研究显示，他们在深度数字化环境下长大，数字内容成为这一群体的消费主流，游戏、视频音频占比较高。亚文化群体在自己的圈层内深度参与、创造活动较为活跃。安吉拉·麦克罗

比认为，亚文化具有创业传统，所需产品不能从其他文化生产者处获得时，就由亚文化内部成员来创造产品，粉丝们对粉丝经营的企业保持忠诚。

2. 数字媒体赋能用户自主权，粉丝从"盗猎者"到协商共创

数字媒体带来的内容生产权力的转变，内容生产、内容分发不再由编辑垄断，而是掌握在每一个用户手中，因此 UGC 是数字媒体下的用户掌握生产权和分发权的产物，用户被社交媒体赋能后自主权崛起，他们不再只是被动的信息接收者，而是借强大的想象力和凝聚力成为无法被忽视的重要力量。当下最受欢迎、最具直观吸引力的受众观，是将受众视为利用媒体实现自我目的的个人。"几十年来新闻界一直贬损被动消极的沙发土豆，现在却对数字文化的积极参与者推崇备至"①，在媒体产业内，消费者成为新兴的市场之王，在社会评论家看来，这意味着"曾经被称作受众的人们"重新获得了控制权②；在学者们看来，他们是要求文化参与权利的产消者（Prosumers）③。用户的能动性大致可以分为赋予意义、做出选择、分享内容、在宏观范围内影响产业实践四种能力。

粉丝（Fans）是狂热（Fanatic）的缩写形式，在拉丁语中最早的含义是"属于一座教堂，教堂的仆人、热心的教众"，后来用来描述极度热情、狂热的人（《牛津拉丁语词典》），由用来描述过度无节制的宗教信仰狂热转到普遍意义上的"过度且不适宜的热情"。"粉丝"作为缩写词，最初被新闻媒体用来描述体育队伍的追随者，后来被广泛用于娱乐的忠实追随者。如今，粉丝在内容生产中的参与性正在使文化、市场营销之间的边界模糊，不同于以往文化、政治、商业的各自泾渭清晰，这也使得理论模型和工具需要被重新

①　Van Dijck J. Users Like You? Theorizing Agency in User-Generated Content ［J］. Media，Culture，and Society，2009，31（1）：41-58. "沙发土豆"是传播学中对受众的称呼。

②　Rosen J. The People Formerly Known as the Audience ［M］//Mandiberg M. The Social Media Reader. New York：New York University Press，2012：13-16.

③　Jenkins H. Convergence Culture：Where Old and New Media Collide ［M］. New York：New York University Press，2006：33.

审视，以便于更好地指导我们的实践。

"盗猎"（Poaching）是米歇尔·德塞杜描述主动积极的阅读行为，读者在"文学禁猎区"掳走对自己有用或有快感的内容，如同"文本盗猎者"。粉丝将媒体文化重新生产拼贴，表达喜爱或沉迷、不满和反感，正负两个方面的反应成为他们与内容进行互动的动机。粉丝依照原文本，把原文本当作文化产品的原材料，再加工、再生产，成为与社会互动的基础，粉丝也成为内容文本的构建者和参与者。粉丝文化是围绕他人生产的媒体作品而展开的协商，如同旧时的盗猎者，粉丝圈也是一种新的消费主义，粉丝从之前的文化边缘地位开始进入商业文化生产方式的渠道，左右数字内容产业的决策制定者。詹金斯认为，粉丝圈是一个协商的空间，这个概念可以最早见于斯图尔特·霍尔、克里斯汀·葛兰希尔、杰奎琳·波波等的论著，粉丝借用媒体内容建构自己的文化身份，粉丝是一种协商的受众，协商是粉丝或社群与内容、品牌进行互动的过程，粉丝的参与式文化也造就了粉丝社群的价值与数字内容产业的利益之间的博弈关系。粉丝是在社交网站、短视频平台上为品牌创造内容并产生裂变的活跃群体，他们成为品牌共创者，用粉丝生产力提升品牌价值。密歇根大学营销学教授 Prahalad 和 Ramaswamy 将企业和公众的交互过程称作"价值的共同创造"，共同创造视角将市场视为企业和活跃消费者创造价值的思想交汇点，能吸引更多的目标消费者加入品牌的共同创造将为品牌带来更大的竞争优势和可持续性机会。因而，数字内容时代的粉丝经济不是简单对于网红经济、注意力经济、抖音带货等浅表层面的理解，应沉淀到价值共创、情绪迁移等深层次议题上，数字内容、数字内容平台、数字内容营销传播方式，都宣告了粉丝共创内容生态下的品牌无边界时代的到来。

第四章　共生模型

——数字内容营销传播战略管理模型

该部分重点分析生态圈中品牌主与以 IP 为核心的数字内容之间的合作关系（见图 4-1）。在这种合作关系中，首先考虑二者合作的动因是什么，作为

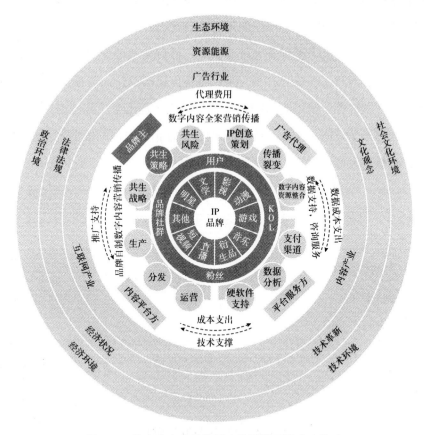

图 4-1　数字内容营销传播生态圈模型的共生战略

资料来源：笔者绘制。

品牌主的一个合作对象，数字内容为品牌主提供了哪些传播价值；其次考虑如何选择合作对象，有无适配标准，两者的合作关系该如何确立，如何建构合作后营销传播效果的评估体系等。本章将围绕以上问题展开研究。

第一节　数字内容营销传播动因和价值分析

一、数字内容营销传播动因分析

数字内容营销传播是品牌传播新的发展阶段的典型趋势（见图4-2），品牌传播在不同的历史时期有不同的重心和理论依据，品牌传播的第一个时期强调产品功能，在广告创意上表现为 USP；品牌传播的第二个时期突出品牌理念，在广告创意上表现为 BI 和 BC；品牌传播的第三个时期的传播重心是内容为王，以整合营销传播（IMC）、品牌关系等理论为主要依据；目前品牌传播进入第四个时期，注重品牌与 IP 的合作营销传播，以数字内容营销传播为理论依据，表现出品牌人格化和跨界传播的趋势。

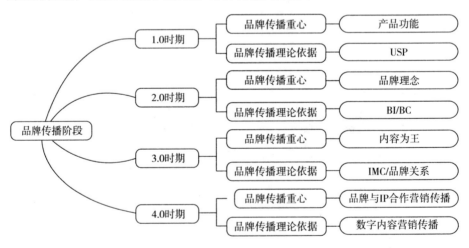

图 4-2　品牌传播的四个阶段

资料来源：笔者根据资料绘制。

数字内容营销传播生态在不同历史时期具有不同的特点，诸多品牌开展数字内容营销传播是受到大趋势影响的必然选择，其动因主要来自以下三点：首先，品牌主选用数字内容进行营销传播的动因之一是借数字内容为品牌赋能，探索品牌年轻化新路径，有的品牌在多元的数字内容形式和渠道中无从选择，或仍然停留在传统思维，未能探索新的营销传播方式，会面临品牌老化的风险或陷入品牌老化的焦虑。其次，品牌通过数字内容营销传播提升品牌资产，拓展品牌衍生价值。品牌资产与品牌名称、标志相联系，包括品牌忠诚度、品牌认知度、品牌感知质量、品牌联想、其他专有资产等，这些无形资产通过多种方式向消费者和企业提供价值。在数字内容营销传播活动中，品牌资产因数字内容的渗透不断提升，如长隆欢乐世界与《爸爸去哪儿》节目产生强关联，将"爸爸"这一联想赋予品牌第一联想，在节目植入、同名大电影等推广中深化双向联想，长隆深度挖掘线上线下资源，不断提升品牌资产，如开展"长隆爸爸节""暑期一起去玩爸"等线下活动与线上推广相配合，随后长隆与湖南电视台合力打造的节目《奇妙的朋友》也提升了品牌认知度，深化了品牌联想，通过在数字内容营销传播上不断开拓提升，长隆欢乐世界做出了很多创新尝试。最后，可以用数字内容重塑品牌体系，拓展品类，提升品牌衍生价值，甚至赋予品牌全新的价值属性。数字内容营销传播不仅可以在营销维度和传播维度为品牌创造价值，还可以帮助品牌丰富现有产品种类。

二、数字内容营销传播价值分析

首先，数字内容营销传播让用户体验立体化，为品牌价值链增值，数字内容在传播渠道打通和产业形态融合的过程中为用户提供立体、丰富的品牌接触点，通过情感增强品牌黏性，拓展品牌价值链。根据贝恩特·施密特的体验理论，用户体验包括感官体验、情感体验、思考体验、行为体验、关联体验多种方式，体验不是单一的点，而是多维的面，用户在体验中因为不同的内容产生不同的满足感，用户可以在数字内容中的多个垂直领域完成不同满足感的整合与迁移。数字内容营销传播随着媒介和新媒体传播方式的不断演进，形式多样、体验丰富的内容可充分增强用户的参与感，通过情感为品牌增值。数字内容营销传播遵循兴趣、个性、互动、整合、创新的规律，直击用户心理认知，通过不同的渠道与用户沟通，通过跨媒介叙事传递情感、分享体验，成为品牌主内部价值观传递和外部品牌传播的重要工具，满足了品牌主与消费者互动沟通的需要。

其次，数字内容营销传播不再是单纯借用娱乐元素的一种方式和策略，而是让数字内容成为品牌本身不可或缺的一部分，甚至可上升至品牌战略的核心。依托数字内容资源，品牌主可借鉴数字内容产业的营销传播方式，拓展品牌产业布局，进行品牌延伸，利用粉丝的忠诚度，通过全版权运营带动全产业链开发，助力品牌战略管理，成为品牌资产。如同电影的产业链开发模式："从一开始我们就会考虑整体营销电影是个宝，演员的形象、音乐、经典的画面，它身上有几十颗珍珠，要把它拆开来，让每一个元素都实现价值最大化。"①

最后，品牌借数字内容突破时间和空间两个维度，提升品牌传播效率，拓展品牌营销传播范围。从时间角度上看，品牌传播效率可以最大化，流量迁移和渠道整合让品牌信息可以在短时间内取得显著效果；另外 IP 通过价值观与用户建立共鸣和认同点，由此减少品牌与消费者的沟通成本，令品牌营销传播产生快速裂变效果，通过粉丝群体、KOL 群体、普通用户多圈层的多维度持续传播，实现品牌营销传播效率最大化。从空间角度看，可将营销传播范围最大化，IP 跨越媒体、行业的限制具有自带流量等特征，在产业链上有较强的延展性。通过在精确的垂直用户定位基础上的多渠道内容分发，借助不同平台的用户画像调整数字内容呈现形式和营销策略，优质内容可在异质平台上进行立体化的、多维度的跨媒介营销，最终产生 1+1>2 的复合效果（见图4-3）。

---

① 王朝晖，陈昶君. 衍生产品在传媒价值链中的作用分析［J］. 生态经济（学术版），2007（10）：451-453.

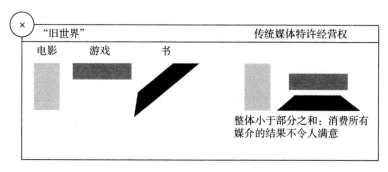

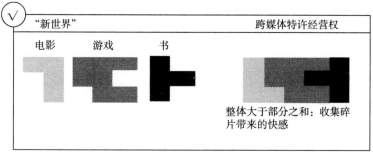

图 4-3　传统媒体与跨媒体营销比较

资料来源：Pratten Robert. Getting Started in Transmedia Storytelling：A Practical Guide for Beginners［M］. New York：CreateSpace Independent Publishing Platform，2015：44.

　　简而言之，数字内容营销传播为品牌提供了提升效率、降低成本的方法论，用复合体验、全产业链开发、吸引聚合、整合迁移等能力提升品牌营销传播总体效能。

第二节　数字内容营销传播战略管理模型的构建与解析

　　共生的基本原理包括质参量兼容原理、共生能量生成原理、共生界面选择原理等，这些原理可作为数字内容营销传播时共生战略确定的指导原则。

首先，根据质参量兼容原理，兼容性是决定共生关系形成的前提，那么在数字内容营销传播战略中应研判共生单元的质参量是否可以相互表达，这个原理适用于共生关系选择时的适配度分析，判定二者是否可以建立共生关系；其次，共生能量生成原理适用于数字内容营销传播时的预期效果预测评估；最后，根据共生界面选择原理，在不完全信息下采用竞争性选择规则，在完全信息下采用亲近度或关联度选择规则，这一原则可用于数字内容营销传播合作对象的筛选和合作模式的确定。

数字内容营销传播需要多环节的评估判断，数字内容资源的整合判断、数据挖掘，预测和效果评估、定价等需要遵循科学的论证分析过程。然而，目前很多项目依然在使用传统广告购买的评估体系，忽略了数字内容的延展价值，或者部分新的评估体系将主观内容的占比拉大、维度多、参数复杂，可能干扰到品牌主的决策依据，容易让品牌主错失匹配内容，或因营销传播效果评估不当影响共生关系的科学性和可持续性，因而厘清数字内容营销传播的模式和传播规律，建立科学的共生关系适配组合评估模型和事后传播效果评估体系对整个生态良性发展至关重要。

一、数字内容营销传播战略管理模型的构建逻辑

本书的营销传播模型旨在帮助品牌主和数字内容双方科学匹配共生伙伴，从宏观上优化提升双方品牌资产的合作流程，细化影响因素，为双方选择共生伙伴、制定营销传播计划提供科学依据。构建数字内容营销传战略模型须以用户价值为基础，且注重在品牌价值和用户价值之间取得平衡，其目标导向主要可细分为以下四个方面：一是达成品牌的营销传播目标，通过数字内容传播品牌形象和价值观、提升品牌认知度、提升品牌资产；二是通过数字内容的垂直领域赢得新用户；三是降低营销成本和风险、提高品牌认知率、优化品牌联想；四是从文化、时尚、情怀、价值观等方面提升品牌内涵，传递积极的品牌态度，引发品牌共鸣，提高品牌价值。在具体构建思路上，首先从战略角度思考品牌是否与数字内容建立共生关系，评估二者是否适合建

立战略性合作关系。1966年，艾德勒曾在《哈佛商业评论》中论及两个或两个以上的企业合作的动因主要是共享资源优势、提升市场份额和竞争能力，通过长期或短期的合作联盟共同开发和利用市场机会，这是通常的共生营销。对合作双方而言，共生目的通常是费用共担、传播资源共享，可以共同促进产品研发和品牌建设，取得更好的营销效果，但由于创立新品牌较复杂，因而采用共生的合作模式，因为"创建品牌不仅需要处理品牌系统的问题，还要跨越不同的市场、产品、角色和环境进行品牌的协调，这些挑战往往使传统组织不堪承受，因此通常需要新的组织方式"。[①] 下面将结合共生理论，依照以上逻辑为二者的合作关系确定战略模型。

二、数字内容营销传播战略管理模型解析

数字内容营销传播战略是系统的过程，需要进行周密的前期科学规划，在系统性、方向性的战略指导中，坚持目标一致性，通过品牌与数字内容共生，提升双方品牌价值。笔者依照品牌战略管理中品牌审计理论和合作营销理论框架，提出了"基于共生理论的数字内容营销传播战略管理模型"（见图4-4），具体解析如下：

选择数字内容营销传播只是营销的一种选择，对于品牌方而言，选择该形式最重要的依据是营销需求、营销目标的判定。营销需求须通过系统的品牌审计、市场洞察、消费者洞察等进行判定，不能盲目跟风，如品牌定位或调性并不适合数字内容营销传播，可能更加适合线下活动、社群营销等方式，或是初创品牌因缺乏预算等原因不具备启动条件。判断合作需求，须在恰当的目标导向下精当地选取最优数字内容资源，在预算范围内进行话题、热点裂变传播。

在明确营销需求和营销目标后，选择共生伙伴时需要对双方的品牌状况、消费群体状况等进行全方位的合作价值评估和风险评估，继而分析确定共生

---

① 戴维·阿克. 创建强势品牌［M］. 李兆丰，译. 北京：机械工业出版社，2012.

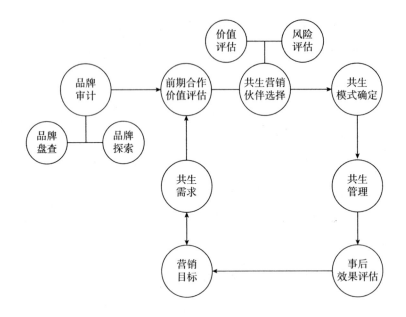

图 4-4 基于共生理论的数字内容营销传播战略管理模型

资料来源：笔者绘制。

模式，从组织方式、行为方式上进行合作形式、合作频次、合作深度的确定，在共生营销环节，规范持续跟踪管理、及时监测、调试等流程，通过数据分析和现实表现探索新的合作模式，配合线上、线下活动进行跨媒介整合营销传播，确保最佳营销效果，从品牌战略角度规范管理，必要时可与专业评估机构进行合作。营销传播项目落地完成后，双方须对品牌形象、品牌价值进行事后评估，对照营销传播目标进行复盘和全面审计，总结经验教训，可通过大数据平台或全网数据挖掘分析，对两个共生单元在营销中的互惠比例进行比对，从而为后续相关合作提供研判数据和参考。

简而言之，数字内容营销传播战略包括共生需求的判定、共生伙伴的选择、共生过程的管理、共生效果的评估四个方面。在价值观正确的前提下，通过四个方面的科学判定流程确保共生单元的品牌传播效果最大化，通过双方的品牌资源，共享内容传播力，提升双方品牌价值。在具体操作层面，双方需要进行品牌审计，每一次品牌战略的制定都应以品牌审计管理为基础和依据，"品牌审计是针对一个品牌资产的来源进行全面审查，作用在于评估品牌健康状况，分析品牌资产来源，提出改进方法，品牌审计须从公司和消费者两个方面理解品牌资产的来源"①。品牌审计分为品牌盘查和品牌探索两部分，品牌盘查包括产品和服务的品牌现状、竞品的盘查等；品牌探索是指了解消费者对品牌及相应品类的想法和感受，这是识别品牌资产的来源之一，可从现有品牌营销传播内容上比较分析竞争品牌的营销内容，确定共同点和差异点。可通过定性的研究和定量的研究明确品牌认识和品牌偏好，在总体品牌审计的基础上，为品牌数字内容营销战略决策的制定提供依据。品牌主须从自身角度分析自己的产品和服务、营销状况和盈利模式等，从用户端洞察消费者思想，挖掘他们对品牌的感受。

三、数字内容营销传播的共生适配组合与评估模型

（一）数字内容营销传播的共生界面选择评估模型

在上文分析的数字内容营销传播战略规划中，共生的起点是二者的匹配度，即数字内容和品牌主内涵的契合度，通过分析品牌价值观和品牌内涵，思考哪些主题或形象的内容可以与之契合，通过品牌定位、内容调性分析，思考如何能够吸引双方用户注意力并引发他们参与、互动。创建或筛选内容应当围绕品牌战略进行，如何筛选内容和如何达成预期共生效果是合作双方关切的焦点。

根据袁纯清提出的判断共生单元之间是否存在共生关系的五项基本原理，包括共生质参量原理、能量共生原理、共生界面选择原理、共生系统相变原理、共生系统进化原理等。共生质参量原理是指相互共生的共生单元的质参量可以互相表达，质参量兼容与否是决定共生关系能否存在的重要标准，共

---

①　凯文·莱恩·凯勒.战略品牌管理［M］.卢泰宏，吴水龙，译.北京：中国人民大学出版社，2009.

生单元之间存在某种内部联系，这些联系是共生关系得以形成的关键。能量
共生原理是指共生单元通过共生关系能够生成新的能量，表现在每个共生单
元稳健性和增长性的增强以及整体共生系统的容量扩增和密度增强等方面。
共生界面选择原理强调共生关系形成过程中界面的重要性，决定了共生单元
的数量和质量。共生系统相变原理指共生关系从一种状态转移到另一种状态，
其中可以是共生模式的转变，也可以是共生行为的异化，如从间歇共生转化
为连续共生，从点共生转化为一体化共生。共生系统进化原理指任务共生关
系都逐步进化为对称互惠共生，否则将会引起共生关系的不稳定甚至终结
（见图4-5）。根据以上五项基本原理，通过梳理大量的营销案例，建立数字
内容营销前期合作价值评估的"六力模型"（见表4-1、图4-6）。①

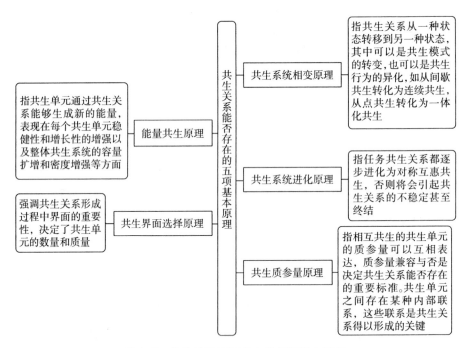

图4-5　共生关系能否存在的五项基本原理

资料来源：笔者根据资料绘制。

———————————

① 袁纯清. 共生理论及其对小型经济的应用研究（下）[J]. 改革, 1998（3）: 75-85.

表 4-1　数字内容营销传播前期合作价值评估"六力模型"

CP 指数	具体说明	数字内容 CP 力
匹配度	双方品牌调性、受众匹配度	黏合力
人气度	双方品牌消费者数量、活跃频度	粉丝力
专属性	有无与同类品牌合作过	专注力
延伸性	能否延伸出更多的营销形式	延展力
风险性	抵御共生风险的能力	抗风险力
性价比	能否有更优惠的合作形式和议价空间	议价力

资料来源：笔者绘制。

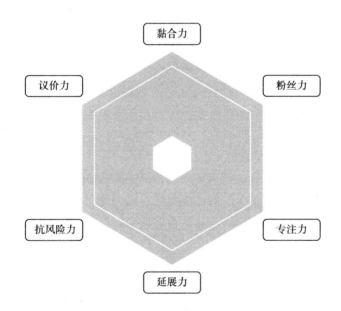

图 4-6　"六力模型"简图

资料来源：笔者绘制。

1. 共生质参量原理——IP 品牌核心价值与品牌内涵的"黏合力"

共生质参量原理是指共生单元的质参量可以互相表达，质参量兼容与否是决定共生关系能否存在的重要标准，根据二者的内在意涵和外在的形态、形象、用户、传播能力等角度去分析二者的兼容度，即"黏合力"。模型中的"黏合力"指标是指两个共生单元须调性相符，从内外兼容度找到通往消费者心智的阶梯，通过核心价值相符、审美取向一致的内容，与消费者在精神层面的沟通中产生共鸣，"黏合力"是数字内容营销传播战略中选择适配对象的首要条件，随着数字内容的价值逐渐被认可，价值高的头部优质内容具有稀缺性，品牌主纷纷争抢高价值的头部内容资源，常常忽略了二者黏合力的评估，这种共生关系是盲目且缺乏战略思维的。黏合力既包括内在匹配度，又包括外在匹配度。二者的价值观、品牌内涵是否契合是核心黏合点，即内在匹配度，契合度高表示质参量兼容，如果内在无关联只是表面合作，不能产生共生单元，还有可能产生负作用，如歌手毛不易与霸王洗发水的合作就在网上引发争议，仅仅因为歌手姓名与品牌产生关系，却无内在契合，这种貌合神离的合作缺乏内在黏合因素，无法传达品牌宗旨和价值观。

IP 的品牌核心价值是全产业链开发的重要基础，尊重和认同双方的品牌文化和品牌内涵是共生的前提，共同的价值观等精神层面的潜在价值是数字内容营销传播的基础。例如，中国移动为了推广新的品牌形象"和"，与凤凰视频共同制作了纪录片《新的生活梦想者——百人百梦》，借用节目"记录凡人命运，感受人性温暖"的品牌定位，将每期节目用嘉宾故事传达关于梦想、奋斗等主题，赋予新的品牌形象以"友好、活力、创新"的内涵，并将"梦想"理念传递出来，将中国移动的"和""梦想助力者"的品牌形象故事融合得相得益彰，实现了双方共生价值的最大化。品牌营销传播与内容的外在契合度是"黏合力"的另一指标，确定质参量兼容后，"黏合力"也须由内而外，即共生双方的品牌形象从外在形式上也需要匹配或相称。颜值不再仅是对人的外貌的形容，也指物品的外表、外观或产品设计上的审美和艺术性、创意性，随着新的消费群体的成长和消费升级时代的到来，"颜值经济时代"正式到来，如有的品牌与艺术家合作开发内容进行营销传播，既可以优化产品外观，又可以用艺术内涵调和品牌调性，满足当下强调匠心、品质、个性化的审美需求的主流消费观。因此，"黏合力"指的是由内而外的黏合，是内容与品牌关系的表里相和。

2. 能量共生原理——共生品牌共同开发长效价值的"专注力"

能量共生原理是指共生单元通过共生关系能生出新的能量，双方稳健性和增长性增强，表现为整体共生系统容量扩增和密度增强。根据这一原理，品牌合作在选择内容合作对象时，应当考虑新能量的产生，这是合作的初衷和目的，在"黏合力"指标下进行匹配度评估之后，合作双方共谋品牌合作共生模式，以新的能量开发为目的，从双方品牌层面进行更持久、深入的合作，而不是单纯的流量和转化率指标，除引流之外，目标合作效果须更多关注与内容品牌合作深度和长效价值，长期与一个对象合作，可以节约沟通成本、拓宽合作维度和挖掘合作深度，通过合作密度增强提升双方销售额的增长或品牌资产的提升，笔者将这一指标称为"专注力"。

3. 共生界面选择原理——唤起用户参与的"粉丝力"

共生界面选择原理强调共生关系形成过程中界面的重要性，界面的不同决定了共生单元的数量和质量的差异，这一界面在数字内容营销传播中就是具体合作的形式和载体。共生单元的形成是以粉丝经济为依托，不同的共生单元覆盖的粉丝用户不同，那么粉丝群体的传播圈层就会产生差异。"粉丝力"是共生关系的关键要素，共生界面生成须唤起双方粉丝用户参与，共生双方可根据大数据为双方的粉丝用户进行画像，深入洞察他们的生活方式、审美、消费习惯，针对双方粉丝用户的关注焦点、审美取向等定制内容，用合适的形式表达沟通，让目标消费群体参与互动，通过"粉丝力"完成营销传播冷启动，或通过 IP 丰富的角色形象和故事背内容，引发粉丝情感共鸣和认同感，激活用户情感引擎，让双方价值增值，集聚双方粉丝用户，形成累积效应。

4. 共生系统相变原理——品牌延伸、协同共生的"延展力"

共生系统相变原理指共生关系从一种状态转移到另一种状态，其中可以是共生模式的转变，也可以是共生行为的异化，如从间歇共生转化为连续共生，从点共生转化为一体化共生。在此笔者称之为共生双方在品牌延伸和价值共创上的"延展力",即双方的共生关系可以由一种形式延伸至多种,可以随着合作情况应变延展,在多种营销合作方式中应势转换,在双方合作时,可以从点共生等合作模式开始,逐渐发展到间歇共生或一体化共生,共生关系是动态演变的,在双方合作模式的调适下达到合作双方价值的共同提升。例如,"真的有料"和农产品品牌"小乐西瓜"两个品牌在联合中不断提升各自品牌价值。笔者深访了"小乐西瓜",发现这一农产品品牌与"真的有料"这一生鲜品牌在合作中提升了双方的品牌价值,双方以"小乐西瓜"创始人的故事为核心拍摄制作了短视频、绘本、电视节目等多样的内容,首次将西瓜品类引入电商,关于创始人故事的纪录片在网上播放百万余次,引发粉丝们的深度认同并主动分享传播,故事作为冷启动要素完成首轮引流变现,当月实现几百万元的销售额。"真的有料"也借助"小乐西瓜"的独家销售平台成为知名生鲜电商品牌,双方品牌围绕小乐这个 IP 为聚合点,进行延展提升,"真的有料"是一个以新农人品牌缔造者和传播者定位带有媒体属性的电商平台,通过拍摄新农人纪录片与消费者沟通,并配合线下等多种形式打造新农人品牌,再借新农人品牌提升平台影响力。小乐这一 IP 也是具有延展性的人格化 IP,这个 IP 的内涵是"孩子吃的、安全的、快乐的",以此为延展,推出《小乐的故事》系列绘本、节目《马修叔叔讲故事》、《幼儿园》杂志插图故事"小乐水果店"、互动水果烹饪栏目等进行数字内容营销传播,聚合了妈妈群体用户,她们主动分享、持续购买,"小乐西瓜"也通过品牌 IP 的塑造实现了溢价效应。因而,"延展力"指标为品牌赋予了更多的发展可能,可以是产品线的增加,也可以是内容产品的拓展,皆以 IP 为聚合点进行延展,可见"延展力"是衡量内容和品牌共生关系能否匹配的重要指标。

5. 共生系统进化原理——品牌建立护城河的"抗风险力"

共生系统进化原理指任何共生关系都逐步进化为对称互惠共生,否则将会引起共生关系的不稳定甚至终结。"抗风险力"是指双方在激烈的市场竞争中,在内容调控政策不确定的环境中,寻找能正常共生的合作模式维持双方和谐的共生关系，并在遇到风险时，双方可以及时应对并共同进化，抵御风险。双方共同抵御风险的能力是共生时品牌构筑的"护城河"，抗风险能力的强弱影响了双方的共生关系的深度和可持续性。

6. 共生互惠前提——品牌合作的"议价力"

最后是"议价力"，在优质内容相对稀缺的生态环境下，内容供应方与品牌主如何达成合适的价格，取决于双方的议价能力。"议价力"是指双方感知到的性价比，合作性价比高是达成互惠的合作前提，这是保证共生互惠关系的重要因素，双方的数据资源、线上线下资源、粉丝资源等都可以成为议价筹码。

（二）数字内容营销传播事后营销传播效果评估模型

数字内容营销传播专注于品牌建设，其营销传播效果的评估至关重要，在共生合作前，需要思考的是品牌如何匹配合适的内容资源，对资源属性进行评估，通过专业的数据进行评估，根据"六力模型"分析评估资源属性，通过专业的数据平台建立专业数据系统，解构内容的主创、场景、主题、粉丝画像，实现品牌与内容的适配组合，并预估流量、票房、收益等。目前诸多视频平台已经提供了这种服务，如爱奇艺提供人脸识别、智能识别场景等，能帮助品牌寻找合适的品牌内容资源，数字内容资源的营销价值和营销依据日趋成熟。然而，资源的价值和适配的组合在后期的营销执行层面也同样重要，下面将从品牌传播的事后营销方面来分析事后评估模型。

首先，从传播层面上看，在传播过度的时代，赢取用户关注度、制造话题、放大声量是品牌数字内容传播的重要途径，是事后的评估传播效果的重要考查要素之一。在用户生态系统的新生态中，传播是分圈层的、分阶段的，在引爆点、热度、社会意义等多个层次起作用。在整个营销过程中，借助内容加强品牌传播多层次引爆，从层次上可以分为引爆源头、首次引爆、二次引爆和三次引爆。在这些不同层次的媒介扩散中出现了不同的组合和传播效果。从有门互动的话题跨媒体连锁引爆模型看（见图4-7），话题引爆分为基

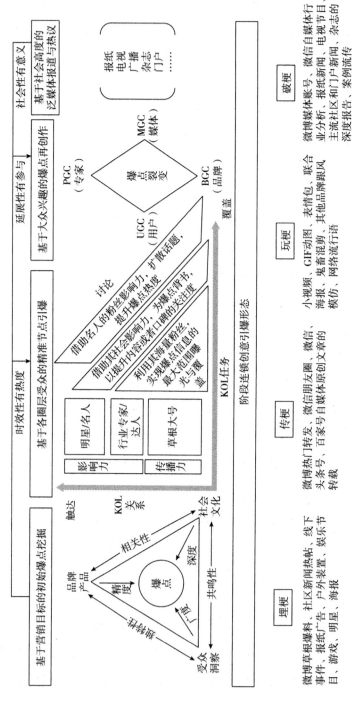

图4-7 有门互动的话题媒体跨媒体连锁引爆模型

资料来源：有门互动创始人王小塞：引爆社交品牌［R/OL］．（2010-12-23）［2022-04-30］．https：//www.niaogebiji.com/article-32518-1.html.

于营销目标的初始爆点挖掘、基于各圈层受众的精准节点引爆、基于大众兴趣的爆点再创作、基于社会高度的泛媒体报道与热议四个阶段，分别是时效有热度、延展性有参与、社会性有意义三个层次。初始爆点的挖掘是建立在品牌产品和社会文化、受众洞察基础上的，根据独特性、相关性和共鸣性进行挖掘，借助草根大号的传播力、行业专家达人和明星名人的影响力等 KOL 进行触达，借助名人和明星对粉丝的影响力扩散话题，提升爆点热度；借助专家、达人的社会影响力为爆点背书，提升内容关注度；利用草根大号的海量粉丝实现爆点信息的最大范围覆盖，通过 UGC、PGC、BGC、MGC 形成爆点裂变的矩阵。

其次，在传播上的延展力关系到传播效率和传播战役的性价比。传播延展力即传播渠道与传播裂变，是为品牌定制的原生 IP 的传播能力的硬性指标，传播裂变能力强的内容将为合作双方带来品牌价值提升。例如，"二更"和 Lee 这一牛仔品牌的合作就是一次成功案例，2016 年"二更"和牛仔品牌 Lee 合作的实验场景短视频传播解决方案《男生永远不会懂的终极难题》获得 2017 中国内容营销金瞳奖、年度最佳自媒体营销案例金奖、原创内容创意组最佳传播效果奖银奖等多个奖项。品牌定制短视频原生广告是"二更"的商业变现模式之一，通过平台的内容与既有平台用户和商业品牌的粉丝进行互动，在内容传播上获得更多的流量和更好的效果。"二更"用其独有的"W+T+N+S"全渠道传播体系，获得了 3000 万+播放量、3 万+转发量、2 万+评论、5 万+点赞量的传播效果，超出同类服装品牌的转化率三倍多，对 Lee 优形丹宁系列新品专为亚洲女性身材设计这一卖点进行了创意传播，而"二更"也通过实验场景短视频成为短视频的头部大号。双赢的共生合作为互联网平台的内容变现提供了范例，而这个全案的成本却不足 100 万元，这让更多的品牌主看到了原生短视频的传播力和性价比，该案例的成功与"二更"的线上、线下的传播矩阵密不可分。对于内容方和平台方而言，有了传播矩阵和覆盖面更广的内容分发平台，便掌握了议价力，对于品牌方而言，性价比高的内容和分发渠道无疑更有诱惑力。

从以上传播案例和部分营销公司的营销实践中可以看出，可将数字内容营销传播事后评估分为三个层面：一是曝光带来的传播效果；二是内容给消费者带来的品牌接触和体验；三是未来的衍生和转化。前期评估着眼于原创性、兼容性和精准性，后期着眼于引爆性、转化性、持续性、延展性等。基于以上分析，笔者将数字内容的事后营销传播价值分为使用价值、体验价值、传播价值，建立了数字内容营销传播事后传播效果评估"黄金三角"模型（见图4-8）。

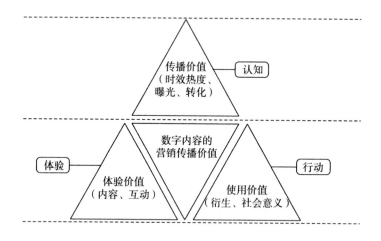

图4-8 事后营销传播效果评估"黄金三角"模型

资料来源：笔者绘制。

在"黄金三角"模型中，居于上端的内容"传播价值"，通过爆点挖掘、多次引爆实现曝光量最大化，从认知层面起到首层传播效果；居于左侧的是"体验价值"，传播内容通过情感和互动引发共鸣，增强品牌认同；右侧是"使用价值"，通过衍生品开发完成品牌延伸。

品牌的数字内容营销传播是一个长期的、系统的传播活动，不能一蹴而就，品牌共生关系的发展是一个动态过程，要根据共生双方的用户分析、效果评估进行动态管理，共生须以品牌关系的建立和维护为目标。在传播中，数字内容通过 UGC、PGC、MGC、BGC 等跨媒介、跨圈层矩阵进行传播，分层扩散，实现共生的最佳效果。

第五章 共生模式

——数字内容营销传播的策略与共生模式

在确定品牌共生战略后，双方通过缔结契约形成品牌共生对象，共同构筑品牌生态系统，这个系统具有可建构性和目的性。可建构性是指双方在合作模式、合作机制上存在能动性；目的性是指在同一生态圈内，双方的共生目标是整合资源、协调关系从而获取生态圈的生态优势。生态优势的获得需要资源整合和关系经营的恰当策略，作为价值共创的主体，双方都渴望获得品牌生态优势的提升，如何通过内容实现双方生态优势的提升，是本章将要探究的问题。

第一节 数字内容营销传播的内容生成
传播链和策略

笔者在两个数字内容营销奖项：金瞳奖（China Content Marketing Awards，CCMA）①（2017—2019 年）和金成奖②（2015—2019 年）获奖榜单

---

① 金瞳奖是首个对大中华区内容营销领域进行商业价值认定的奖项，奖项设置为两个单元：原创内容单元，对互联网的原创微电影、网络剧集、栏目、设计作品等内容进行价值认定；内容营销案例单元，以各类媒介为基础，呈现媒介与创意与内容结合最为紧密的优秀案例。另设置年度单项奖，表彰年度行业内对中国内容营销作出积极推动并有杰出贡献的人物、品牌方、代理公司与内容平台。

② 金成奖是由《成功营销》每年 6 月举办的关于内容营销的奖项，关注企业营销传播策略及内容营销的趋势和方向，同时评选出各行业的最佳内容营销案例、产品、平台、公司、团队类奖项。

上的获奖案例库中进行效标抽样，以在两个榜单上"获奖累计三次及以上"
为基本条件进行抽样，共筛选出22个品牌，以这22个品牌作为案例，从品
牌是否有短视频/微电影、游戏、漫画/动漫、音乐、H5、自制综艺节目、周
边衍生、展览、联动品牌、虚拟角色，是否以IP为核心等维度进行研究（见
表5-1），以品牌在不同数字内容垂直领域的营销传播实践为研究对象，梳理
其2017—2019年在营销实践中的表现和规律。

研究发现，在抽出的22个样本品牌中，共有OPPO、京东、蒙牛、天
猫、方太、vivo、伊利、康师傅、华为、TCL、三九、农夫山泉、哈尔滨啤酒
13个本土品牌，占比约59%，其中半数左右的品牌是互联网与直销零售、电
脑与外围设备两类互联网相关科技类品牌，电脑与外围设备是品牌获奖总数
排名最高的类别。样本品牌中，共有12个品牌入选2019全球最具价值品牌
500强，占比55%，还有两个品牌的相关子品牌或母品牌也跻身品牌价值500
强：脉动所属的达能的品牌价值排名239位，联合利华的母品牌多芬的品牌
价值排名452位。这说明，本土品牌在数字内容营销传播上积极探索实践且
频频获奖，尤其是电脑与外围设备、互联网与直销零售两个类别的品牌在内
容创意和营销创新上可以与国际大品牌比肩，在品牌价值排行榜上跻身前列。
品牌在数字内容领域的营销传播活动的活跃度与整体表现与品牌价值有正向
相关性，数字内容营销传播有助于提升品牌价值，品牌方在数字内容营销传
播领域的探索都在多元化地进行着，当然品牌价值的计算是多个维度上的，
在数字内容营销传播领域的表现是重要影响因素之一。

从样本品牌的类型（按主营业务划分）上来看（见图5-1），在数字内
容营销领域获奖较多的品牌主要分布在饮料，食品，电脑与外围设备，酒店、
餐馆与休闲，互联网与直销零售，家庭耐用消费品，汽车，居家用品，纺织
品、服装与奢侈品，制药十个类别。其中，饮料类品牌占比最高，在22个样
本品牌中共有5个饮料类品牌，占比23%；其次是食品，电脑与外围设备，
酒店、餐馆与休闲三个类别，占比均为14%。这说明饮料、食品等快销品品

表5-1 样本品牌数字内容营销传播概况（2017—2019年）

品牌名称	短视频/微电影	游戏	漫画/动漫	音乐	H5	自制综艺节目	周边衍生	展览	有联动品牌	有虚拟角色	有虚拟世界	以IP为核心	获奖次数	主营业务	品牌价值排行
OPPO	*		*	*	*	*	*			*	*		27	电脑与外围设备	
京东	*	*	*	*	*	*	*	*	*	*	*	*	24	互联网与直销零售	151
蒙牛	*		*	*	*		*	*	*				17	酒店、餐馆与休闲	43
麦当劳	*	*	*	*	*	*	*	*	*	*	*	*	16	食品	410
天猫	*		*	*	*		*	*	*	*		*	15	互联网与直销零售	35
肯德基	*	*	*	*	*	*	*	*	*	*		*	14	酒店、餐馆与休闲	126
方太	*		*	*	*		*	*	*	*			14	家庭耐用消费品	
vivo	*		*	*	*		*	*	*	*		*	12	电脑与外围设备	
可口可乐	*	*		*	*		*	*	*	*			10	饮料	38
伊利	*	*		*	*		*	*	*	*			9	食品	258
康师傅	*	*	*	*	*		*	*	*				8	食品	
百事可乐	*	*	*	*	*		*	*	*			*	8	饮料	90
华为	*			*	*		*	*	*				7	电脑与外围设备	12

续表

品牌名称	短视频/微电影	游戏	漫画/动漫	音乐	H5	自制综艺节目	周边衍生	展览	有联动品牌	有虚拟角色	有虚拟世界	以IP为核心	获奖次数	主营业务	品牌价值排行
雷克萨斯	*	*		*	*		*		*				7	汽车	189
TCL	*		*	*	*			*	*				7	家庭耐用消费品	
脉动	*	*	*	*	*	*	*	*	*				6	饮料	
农夫山泉	*	*		*	*	*	*	*	*			*	6	饮料	
三九	*				*								6	制药	
联合利华	*	*	*	*	*	*	*	*	*				5	居家用品	
新百伦	*	*		*	*		*	*	*				5	纺织品、服装与奢侈品	
必胜客	*	*	*	*	*		*	*	*	*			3	酒店、餐馆与休闲	389
哈尔滨啤酒	*	*		*			*	*	*				2	饮料	401

注：标注"*"即表示本品牌在营销时采用了该类内容，未标注"*"的即尚未采用该类内容。

资料来源：笔者绘制，主营业务主要参考 GICS（全球行业分类标准）2016 版（全球行业分类标准），品牌价值排行参考 Brand Finance 2019 年全球最具价值品牌 500 强排行榜单。

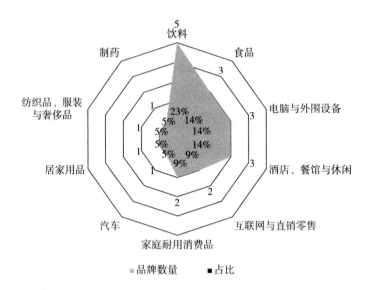

图 5-1 品牌类型（按主营业务划分）占比分布

资料来源：笔者绘制。

牌在数字内容营销传播实践中最为活跃；其次是电脑与外围设备、酒店餐饮等；家庭耐用消费品，汽车，居家用品，纺织品、服装与奢侈品以及制药等行业也是数字内容营销传播实践的活跃者。

从样本品牌数字内容营销传播概况可以看出，多数品牌都探索了数字内容的多种垂直领域的营销组合，其中麦当劳、京东、天猫、肯德基、可口可乐、康师傅、脉动等品牌开展了9种以上的数字内容营销传播实践，样本中86%的品牌使用了数字内容营销传播项目中6种形式以上的营销传播组合。

笔者将品牌以IP为核心、有虚拟角色、有虚拟世界这三个维度视为品牌在战略思维下开展了数字内容营销传播活动，结果可见，麦当劳、京东、天猫、肯德基、可口可乐、百事可乐、OPPO等31%的样本品牌以IP为核心开展了多样态的营销传播活动，86%的品牌与其他品牌跨界合作开展营销传播活动，约41%的品牌建构了虚拟角色，18%的品牌建构了虚拟世界（见图5-2）。从品牌数字内容营销传播样态上看，短视频/微电影、H5、周边衍生、漫画/动漫、展览、游戏是50%以上的样本品牌经常选择的内容领域（见图5-3）。

"]

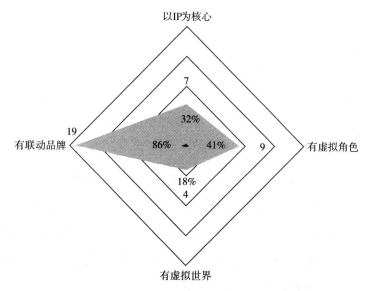

图 5-2 进行数字内容营销传播战略布局的样本品牌分布

资料来源：笔者绘制。

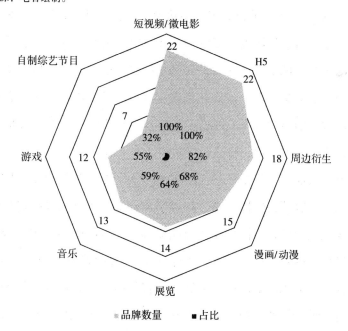

图 5-3 样本品牌数字内容营销样态分布

资料来源：笔者绘制。

综上所述，研究发现，样本品牌中多用 H5、短视频、动漫等组合的方式进行营销传播，以 IP 为核心、建构虚拟世界和虚拟形象的品牌占比相对较少，大部分品牌多使用跨界的方式较为分散地从不同细分领域投放内容，多数品牌集中在短视频/微电影、H5 等领域发力，通过制作走心故事传递品牌价值，虽制造过现象级的传播案例和话题，但稍纵即逝的热度过后，很多品牌并未将内容转化为可持续累积的品牌资产。京东、天猫这些品牌以 IP 为核心持续传播，IP 已经成为其品牌资产的一部分，也成为其品牌战略的一部分，并且依靠虚拟世界和现实世界的互动为消费者提供以 IP 为核心的消费场景，为品牌塑造提供了广阔的空间。有两成的品牌通过在宏观层面进行前期策划，进行品牌 IP 化运营，孵化并创立品牌自有 IP 品牌，进行数字内容营销传播，这类品牌中的本土品牌以天猫、京东等为代表。它们借鉴电影产业中的跨媒介叙事，将品牌的核心内容（角色、故事、世界观）作为叙事核心，让 IP 在数字内容产业链条上创造价值，并扩散延展直至建立最大的消费者接触面，通过情感和场景等多维沟通建立牢固的品牌关系。在同一性的叙事和延展的内容呈现中，在现实世界和虚拟世界的互动中，因叙事吸附的粉丝成为品牌的积极参与者，他们共创内容并成为品牌内容的主动传播者，大大提升了品牌营销传播效率，降低了品牌营销传播成本，IP 在时间维度上能为品牌持续创造品牌价值，提升品牌资产。

但尚有近八成的品牌主虽然开始将预算分配到生产原创内容或与 IP 合作上，探索数字内容营销传播，通过在数字内容细分领域的多种媒介平台上发力，但总体比较分散，传播周期短且稍纵即逝，容易被同质化内容消解。目前在各品牌数字内容营销传播实践中存在的主要问题分为两个方面：首先，在前期传播战役的规划上，多数品牌还仅仅将数字内容作为营销的工具，很多只是借势营销或短期营销，未能以 IP 为核心建立起长期的品牌营销传播宏观战略；其次，在内容设计上，多数品牌未能围绕一个 IP 核心进行合力传播，未能根据各媒介的特点去设计叙事核心和叙事结构，导致用户的参与也多是分散的、自发的，影响了传播效果；最后，在后期的传播效果测量中，也并未有成熟的评估标准和体系，更多是集中在传播效果中第一个层面即认知层面的流量、点击率的提升。

下面，笔者以抽样的22个品牌进行多案例研究，以此为基础结合业界深度访谈和参与式观察、焦点小组讨论出的典型案例进行数字内容营销传播策略和传播模式研究，梳理品牌数字内容营销传播中的常用策略并提炼传播模式。研究发现，数字创意内容作为重要传播沟通元，成为创造用户价值、满足用户需求的重要介质，同时作为品牌与用户之间的传播链条，通过用户的价值认同和参与在各圈层的扩散裂变，在传播中为品牌创造价值。

一、数字内容营销传播的内容生成传播链

近年来，品牌在数字内容产业各领域进行了多种形式的跨媒介叙事探索，运用多元的数字内容进行传播，初步具备了跨媒介叙事的特征和模式，随着品牌主日趋演变成数字内容产业链中的重要一环，影响着内容平台、用户、代理公司，甚至成为叙事的源头和信源方，在编码上出现了新的现象和特征，数字创意内容的生产和作用如"链"，通过模式化的内容作用机制，推动品牌的营销传播，让消费者与沟通元产生关系，建立沟通、形成交流、进入场景，进而产生效果。

笔者将从编码的生成链条上分析品牌数字内容营销传播的生成规律，将这一链条分为叙事链、触发链和场景链，三个链条以沟通元为核心，相辅相成地为品牌、媒体和消费者提供沟通元素和共鸣通道，从整体上形成共鸣场域，笔者将这一过程和规律简化呈现为品牌数字内容营销传播的"内容生成传播链"模式图（见图5-4），下面将具体分析其构成要素及相互关系。如模式图所示，居于中心的是沟通元，即数字内容，"meme"是沟通元的英文对译词，是生物领域中的新兴词汇，首次出现在牛津大学生物学家理查德·道金斯（Richard Dawkins）的著作《自私的基因》中，他认为一种新的复制基因在人类文化的场中迅速推进、演化，速度超过了其他基因，他比附基因

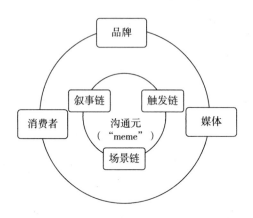

图5-4　品牌营销传播"内容生成传播链"模式图

资料来源：笔者绘制。

（gene）的形式和发音，利用希腊语造出了能够表达文化传播单位或模仿单位的概念，意指人类的文化基因。该词在经济学、社会学、文学等领域被广泛运用，在牛津词典中被定义为一种文化的基本单位，通过模仿复制而非基因遗传的方式进行传递，描述的是人类的文化思想的复制传播过程。杰伊·康拉德·莱文森将这一生物学的概念引入营销中，他在《营销创新力》一书中认为"meme"是企业营销的核心策略，可以迅速与消费者进行有效沟通，企业的所有营销传播活动都要围绕"meme"进行，品牌Slo-gan、品牌视觉标识等都是"meme"，它如同基因可以在消费者群体中自我复制和传播，从而降低企业的营销成本。在中译本中，"meme"被翻译为"沟通元"，是企业在营销传播中最基础的沟通元素。陈刚等学者将沟通元从营销学领域引入传播学领域。他们认为："沟通元是一种基于内容的文化单元，它凝聚了生活者最感兴趣的内容和最容易引起讨论和关注的话题，一旦投入数字生活空间，就会迅速引起关注，激发生活者热烈的分享、讨论和参与。并且在传播者和生活者的积极互动中，沟通元不断被丰富和再造，并不断地延续传播。"① 沟通元具有明确单一性、可分享性、可延展性和可参与体验性等特点，可以分为热点关注型、生活者制造型、主题传播型等类型，为品牌营销传播提供执行的基点。品牌营销传播可通过寻找沟通元、选择合适的平台发送沟通元来触发创意传播、激活生活者，利用协同创意在每一环节重视沟通元的挖掘和触发策略，保证传播效果的实现。

（一）叙事链

叙事来源于神话、语言等文学文本。在《未来简史》一书中，作者将品牌比喻为神，称其制造的效果是让人产生膜拜心理，成为其拥趸，这种效果依靠的是叙事。在品牌营销传播中，叙事成为品牌与消费者交流的链条，在此称之为叙事链。叙事链是以品牌内涵和品牌调性为核心的，围绕这个核心可以衍生出关于品牌创始人故事、品牌产品研发故事、品牌传播内容的解析故事等，叙事的故事可以是宏大的、广阔的，也可以是小我的、内敛的。大的叙事链可以传递品牌的社会责任，小的叙事链可以通过个体故事凸显品牌情感和价值观，实现价值认同或者品牌年轻化等诉求。很多现象级广告都是借助深刻的消费者心理洞察引爆舆论，如近几年品牌方以焦虑、亚健康、家庭与事业的平衡问题等为叙事主题的内容频频引爆社交网络，激发情感价值和社会价值，通过叙事链联结更多的潜在消费者、形成广泛的品牌认知和较好的品牌传播效果。其作用机理是用户的价值认同和参与以及圈层扩散，而数字创意内容可以让这个链条很快形成并扩散，并在传播中提升品牌形象和品牌价值。美国品牌专家劳伦斯·维森特从叙事学的角度论述品牌，他认为品牌神话是利用品牌叙事传达一种世界观和一系列超越商品使用功能和认知产品特征的理念。这一理论为品牌营销传播提供了叙事的方法论，即用故事感染消费者，数字技术的出现为品牌叙事增添了更多生产和流通机会，然而叙事产生的根本未变、本质未变，这个叙事依然是品牌与消费者之间的连接

---

① 陈刚等．创意传播管理——数字时代的营销革命 ［M］．北京：机械工业出版社，2012：124.

链条。

（二）触发链

触发链，是以数字内容的"沟通元"为传播链条，在营销传播计划的设计中，品牌主通常选择母亲节、情人节、感恩节、教师节等特殊的节点进行触发，用特殊的时间点进行传播，容易将故事迅速传播出去，代理方通常会提前策划好全年的营销节点，为品牌方提前策划数字内容传播项目，在关键节点发布。应时应景的传播可以提高消费者卷入度，提高品牌传播扩散裂变可能性，因而触发链是建立在"沟通元"基础上进行的传播和裂变，具有可复制的功能。例如，医药品牌华润三九在感恩节推出短视频《总是有人偷偷爱着你》，厨具品牌方太在5月20日推出"太太太爱你情话挑战"，家居定制品牌欧派在爱家日推出《共享爸爸》等数字创意内容，在网络上切中传播触发点，引发热议和裂变，大大提升了品牌知名度和美誉度。

（三）场景链

场景是电影中的概念，指特定的时间、空间内的人发生的事。在场景中，人是一切关系的连接，场景是人所处的环境，挖掘场景、展现场景、制造场景是新时代营销的重要命题。如今，媒体、用户、广告主是场景的三大主体，数字内容则是链条，可将三者联结起来。例如，生活美学购物平台"一条"以每天一条原创优质数字内容为"链"，将用户、广告主、媒体联结在一起，数字内容成了创造用户价值、满足用户需求的重要介质，成为品牌与用户之间的情感链接。再如，《上好佳 Kraken 鲨》的广告中将薯片置于游戏消费场景中，将其做成大学生中风靡的手游，传达出消费价值观，即让用户在心爱的产品和积极的人生之间实现平衡。

综上所述，在数字创意时代，品牌在使用数字内容进行营销传播时，依据创意内容确定核心沟通元，由此通过叙事链、触发链、场景链打通品牌、媒体、消费者的营销传播通路。首先，在叙事链上，重点从情感层面入手与产销者建立认知层面的连接，通过跨媒介叙事，形成传播的合力，引爆社交情绪，提升品牌价值，形成协调统一又分而治之的传播战略；其次，通过触发链，在恰当的传播节点为媒体提供有创意的易于裂变扩散的数字内容进行传播，重点从态度层面传递品牌价值观，让品牌通过内容与用户建立起有深度的认同关系；最后，通过场景链，打通消费者的生活场景，增强体验感、沉浸感和代入感。

通过这个模式明确数字创意内容的创作目的和传播路径、传播效果，可以有效提升品牌传播效能，长远来看可以为品牌积累文化资产和娱乐资产。在这个过程中，数字创意内容在流通中实现了制作方、媒体平台方、用户与品牌的共生，数字创意内容正在日趋成为打通边界、突破产业壁垒的"魔弹"。

二、数字内容营销传播的策略

在文化创意产业领域，好的故事被认为可以为文创产业和相关产业带来巨大附加值，"故事驱动是文化产业的源头，是文化产业发展的内驱力，故事力是衡量文化产品的关键指标"[①]，也被认为在营销、品牌塑造中发挥着重要作用："在产品问世后，也利用说故事的方法，帮助行销、制造话题（扩散效应），形塑深植人心的品牌"[②]。

跨媒介叙事（Transmedia Storytelling）是内容营销传播的一个重要概念，国外在这一领域的研究较为成熟，出现了品牌在跨媒介叙事上的相关研究。关于跨媒介叙事与品牌营销传播的相关研究主要围绕跨媒介叙事在品牌传播中的应用进行，强调数字媒介时代消费者在内容生产中具有较高的参与性、沉浸性、共创性，可以用跨媒介策略吸引消费者参与品牌的跨媒介叙事，因而可以将跨媒介叙事看作吸引消费者参与、沉浸、内容共创的有效路径。有的学者从趋势角度判断跨媒介叙事在品牌营销传播中已经开始，

① 向勇．文化产业导论［M］．北京：北京大学出版社，2015：235.
② 邱于芸．故事与故乡：创意城乡的十二个原型［M］．台北：远流出版公司，2012：11.

这种营销方式也将成为整合未来线上线下开展营销传播的趋势。例如，Plessis 的研究中以跨媒介品牌传播的领先者乐高为个案，分析品牌用以受众为中心的方式与消费者建立联系，"数字经济体系下的消费者更积极地参与品牌故事的生产和传播。跨媒介策略可以通过品牌故事加强消费者参与度，使他们在沉浸式的故事世界中做出积极的贡献"①。有的学者将品牌的跨媒介叙事当作吸引受众参与的营销策略，Moravčíková 和 Križanová 在跨媒介叙事的概念、特点的基础上，以可口可乐为例，分析了跨媒介叙事对品牌营销传播的作用："可口可乐将跨媒介叙事策略作为传播策略，每个互动都包含了情感元素和人们想谈论的好故事，使用跨媒介叙事需要一个标签来通过不同媒体和渠道来讲故事，消费者需要在扩展的媒体内容间创立连接，故事与消费者互动越多，发现的信息就越多。"②

关于跨媒介营销的研究文献多通过定性研究方法探讨跨媒介叙事与品牌体验价值感知的关系，如 Granitz 通过访谈发现品牌关联性较强的消费者更喜欢关注品牌体验价值的故事，并将通过互动媒介访问这些故事。跨媒介讲故事发生在故事元素分散在多个媒介上时，每个媒介都对整体做出独特的贡献，由于品牌故事可以在消费者和品牌之间建立联系，传播跨媒介品牌故事可以加强这种联系，从而产生积极的态度、更多的切入点和强烈的购买意图。

有学者从品牌营销管理的角度探讨跨媒介叙事的意义，他们认为跨媒介叙事理论为品牌提出一种管理整合媒体平台内容的方法论，在传播过度的时代可以为品牌营销传播管理提供有效解决方案。例如，Ilhan 认为："为了应对日益混乱的媒体环境，娱乐和非娱乐品牌的生产商都面临着为消费者开发吸引人的体验以及管理整合各种媒体平台的品牌故事的压力，跨媒介叙事成

① Plessis C D. Prosumer Engagement Through Story-making in Transmedia Branding [J]. International Journal of Cultural Studies, 2019, 22 (1): 175-192.

② Moravčíková D, Križanová A. The Future of Online and Offline Marketing Communication-transmedia Storytelling in the Branding Process [J]. Marketing Identity, 2017 (1): 164-175.

为一个有效的解决方案，以跨媒介叙事理念为基础，将跨媒介叙事融入消费行为和营销领域，利用跨媒介迁移促使消费者参与共创，品牌跨媒介叙事可以帮助品牌在传统媒体和社交媒体的管理统一和协调。"①

以跨媒介叙事和营销两个关键词在数据库中搜索后的文献多肯定了跨媒介叙事在品牌传播中的价值。另外还有关于品牌在跨媒介叙事策略与人才培养方面的研究，探讨跨媒介叙事如何在品牌营销传播中发挥效力，并对营销人员的能力提出了新的要求。例如，DeMartino 认为："营销人员应该考虑目标消费群群体、投资回报消费者参与可视化、各内容平台评估排序等。"② 以上西方学者开展的都是探索性的研究，还有少数西方学者从 IP 产业链、营销模式、IP 商业价值等方面进行研究，认为 IP 的营销逻辑正被其他行业所应用。代表性的著作如哈佛商学院的安妮塔·埃尔伯斯所著的《爆款：如何打造超级 IP》一书。书中分析了 IP 运营的案例和模式，她调研了华纳、漫威、二十一世纪福克斯、索尼、YouTube 等产业公司的一手资料，分析了电影、电视、音乐、出版、体育等数字内容领域的几十个案例，分析其运作模式和策略。这些研究多是基于西方营销实践的策略层面的、探索性的研究，缺乏生态视角或关系视角的研究。

詹金斯提出的跨媒介叙事已不再是文学视角的叙事，而是资本推动下的产业扩张方法论，跨媒介叙事注重不同媒介间的关联性，讲究异质媒介的系统性、互文性和协同性，强调多种媒介连接下的用户体验和粉丝迁移。跨媒介叙事的逻辑与数字内容营销传播的内在逻辑一致，都注重产业的互通和延展、效率的提升和粉丝的共享，尤其在数字内容与品牌营销传播联系如此紧密的当下，在内容传播上相对成熟的跨媒介叙事理论可以被借鉴至数字内容营销传播中。扩展性和探究性、主体性、序列性、统一性和多样性、世界建

① Ilhan B E. Transmedia Consumption Experiences: Consuming and Co-creating Interrelated Stories across Media [EB/OL]. http://hdl.handle.net/2142/26398.

② DeMartino Nick. How to Become a Transmedia Designer for Your Brand [J]. Communication World, 2013, 30 (2): 23-25.

构、用户参与、沉浸性和萃取性是跨媒介叙事的七项原则，本书以这七项原则作为理论框架，为品牌数字内容营销传播提出七项传播策略（见图5-5）。

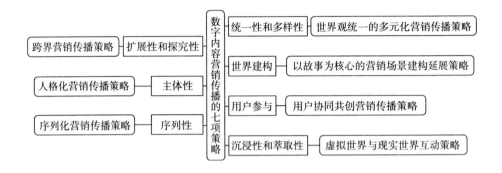

图 5-5 数字内容营销传播七项策略

资料来源：笔者绘制。

（一）扩展性和探究性——跨界营销传播策略

扩展性指内容可扩展的能力，探究性指内容引发受众想象和探索兴趣、愿意寻找线索延伸叙事的能力。在品牌数字内容营销传播实践中，许多品牌尝试通过不同的媒介进行叙事激发用户的探寻兴趣，通过与异质内容跨界交叉合作增强品牌体验的立体感和纵深感，跨界代表着一种新锐的生活态度与审美方式的融合。笔者通过大量的案例分析和研究，将品牌在跨媒介叙事上的扩展性和探究性归纳为"游戏牌""文化牌""动漫牌""真实牌""现场牌""艺术牌"六大跨界营销传播策略。

1. "游戏牌"：品牌跨界电竞，利用游戏元素为品牌赋能

各品牌纷纷打出"游戏牌"，这与电竞用户增长迅猛有关，国家发展和改革委员会、教育部、体育局、文化部等针对电竞的利好政策都令其迎来了前所未有的红利期。2003年，电子竞技被中国国家体育总局列为第99项体育竞赛项目，八年后又改批为第78个正式体育竞赛项；2017年4月，亚奥

理事会宣布将在 2022 年的杭州亚运会上首次把"电子竞技"作为正式比赛项目。随着电竞被认定为官方体育竞赛项目，越来越多大品牌开始与电竞行业合作，营销方式主要包括赞助电竞赛事、赞助俱乐部战队、与游戏厂商或电竞企业跨界合作等。根据合作形式的不同，双方的合作效果亦有所差别：电竞赛事营销传播覆盖面广、短时间曝光度高、影响力大，但成本高、周期短，因而赞助赛事的多为知名大品牌；与游戏厂商的合作流量更集中，可以开展多种形式的创新和互动传播，但影响力和覆盖面需要深度经营；赞助电竞俱乐部或战队更直观，在粉丝群体中效果较好，但需要较长的营销传播周期，易受竞技成绩影响，需要长期持续投入；与电竞企业的合作更加适合异业合作，成本可控，灵活性好，但覆盖面和影响力不如赛事营销传播等形式。

通过梳理 2014—2019 年的品牌在电竞行业的营销传播情况（见表 5-2），笔者研究发现，电竞不再只是电脑、游戏外设企业的领地，快消品、互联网平台、金融、媒体等各类品牌主都竞相开展电竞营销传播。除常规的职业战队赞助、赛事冠名外，有的品牌开始尝试开展在游戏内植入、跨界产品定制、联合数字内营销传播等多种形式的合作，如美团、必胜客、肯德基等品牌与游戏品牌开展深度、持续的战略合作。品牌主在打"游戏牌"时须思考如何深耕电竞生态，结合品牌内涵、品牌调性、消费人群与电竞组合出更好的场景和产品。品牌通过电竞宣告品牌形象的年轻化，由此有助于提升品牌竞争力，并赋予品牌多元的价值观和潮酷的品牌文化，向年轻消费者传递"懂你"的信息，占据高净值的年轻用户聚集地。随着 AR、VR 等技术在游戏中的应用，各品牌还将探索电竞营销传播的更多可能，通过游戏元素为品牌赋能。

2. "文化牌"：品牌跨界传统文化提升品牌内涵，从文化层面为品牌赋能

"文化牌"是指品牌数字内容营销通过泛文化的语境进行跨媒介传播，

表 5-2　品牌电竞营销传播一览表

电竞赛事	英雄联盟职业联赛 LPL	梅赛德斯·奔驰、雪碧、伊利谷粒多、欧莱雅男士、罗技、英特尔、京东、苏宁、哔哩哔哩、滔搏运动	赛事赞助、合作伙伴（冠名、广告、产品展示，其他权益如电商联动销售、游戏包装设计、联合推广、游戏套餐等）
	王者荣耀职业联赛 KPL	麦当劳、vivo、浦发	
	穿越火线职业联赛 CFPL	百事、红牛、维他柠檬茶	
	WCG 世界电子竞技大赛	乐视体育（2016 年）、京东（2017 年）	
游戏	绝地求生	美团、京东、百度外卖、顺丰、ofo、别克轿车、摩拜单车	联合营销、游戏植入、战略合作、游戏套餐、指定用品、产品定制
	王者荣耀	肯德基、OPPO、雪碧、宝马、必胜客、康师傅	
	英雄互娱（全球第一家移动电竞上市企业，旗下有《全民枪战》《天天炫舞》等手游）	麦当劳、屈臣氏、好乐迪、招商银行、携程、滴滴打车、乐维饮、杜蕾斯、旺旺、新世界百货、Baci 巧克力、湖南卫视金鹰卡通频道	异业合作（积分兑换、组合推广、定制化合作、常规 BD 合作）
电竞俱乐部	LGD 电子竞技俱乐部	老干爹辣酱、吉祥航空、凌仕、淘宝游戏交易平台、哈尔滨啤酒	冠名、胸前广告、指定用品供应商、直播

资料来源：笔者绘制。

让品牌与传统文化充分结合，实现跨界创新，从传统文化角度引起年轻人关注，从而提升品牌创新力和影响力。例如，茶颜悦色、农夫山泉、周黑鸭、QQ 飞车手游、六个核桃、巴黎欧莱雅等品牌都找到了与年轻人沟通的文化渠道。传统文化的继承和中国元素的运用，可以帮品牌塑造爱国、负责任的企业公民形象，同时在营销传播中为中华文明的传承和传统文化的传播贡献企业公民的力量，提升品牌的社会公众形象和品牌价值，因为新生代较强调价值观、创新、情感共鸣，这种立场和表达为不少年轻用户所认同。

3. "动漫牌"：跨界二次元为品牌赋能

二次元在线上和线下都在发挥着重要的影响力，这也成为品牌年轻化策略的重要元素。品牌打出"动漫牌",希望在产品、品牌调性上与二次元相调和,影响二次元粉丝圈层,通过长尾效应为品牌赋能。同时,二次元借助虚拟的世界,在世界建构和角色塑造上为品牌提供了丰富的资源。越来越多的品牌借此开启了跨媒介叙事和品牌年轻化战略,在产品线上纷纷与二次元结合。例如,2017 年德芙与超现实恋爱手游《恋与制作人》合作,该游戏的粉丝大部分是年轻女性,德芙凭借系列广告传递了浪漫、甜蜜的巧克力品牌形象。德芙借用游戏中的四位男主人公,分别担任德芙联席总裁、丝滑代言人、丝滑秘方守护官、丝滑配方专家,用虚拟男主人公拍摄德芙广告片,打通了二次元和现实世界,为品牌的年轻化传播赋能。

随着人工智能技术的不断迭代,虚拟偶像也因为其人格化特征和粉丝经济的价值成为数字内容营销的重要方式,计算机图形与语音合成等技术塑造的能说会唱的虚拟偶像成为数字营销的完美代言人,如"初音未来""洛天依"等国内外虚拟偶像成为品牌打破"次元壁"竞相争抢的共生合作对象。例如,交通银行信用卡与虚拟偶像"洛天依"合作共创歌曲《知交共逍遥》,凭借其空灵音色和国风 rap,深度链接高质量的二次元内容和潮流文化,营造了国风江湖的品牌联想。双方借助这一 IP 开展深度合作,推出联名信用卡(见图 5-6)并将广告投放至上海陆家嘴 LED 大屏,举办洛天依十周年展览等。凭借"动漫牌"系列数字内容营销,交通银行信用卡吸引了大量年轻粉丝,赋予品牌年轻化、懂潮流的形象。

4. "真实牌":品牌跨界纪录片,从叙事、真实、责任等层面为品牌赋能

随着纪录片体量的增长,很多品牌打出了"真实牌",从叙事、真实、责任等层面为品牌赋能。笔者梳理了 2011—2018 年的共 35 个纪录片广告,其中拍摄纪录片广告最多的品类是汽车,奔驰、沃尔沃、荣威、MINI、东风日产等国内外汽车品牌都使用了纪录片的形式进行品牌传播,多从西藏、滇缅等特殊路况或景观的实景拍摄展现汽车产品性能和品牌内涵。另外,酒类、

图 5-6　交通银行罗天依主题银行卡

资料来源：http：//www.huodongju.com/home/article.html？id＝11741.

食品、服饰尤其是奢侈品也成为品牌纪录片的主要生产者，前几年的品牌纪录片多在中央电视台等电视媒体上播出，近几年来多在爱奇艺、哔哩哔哩、优酷、腾讯等内容平台上播出。纪录片为品牌赋能主要体现在以下三个方面：一是通过纪录片的叙事性为品牌建构情节。纪录片是叙事的艺术，其生产策略不是创造内容，而是安排内容。纪录片的力量来源于其非虚构，但并不意味着纯粹的客观，所有对信息或素材的安排如风格、语气、节奏等元素的安排都是主观的、是导演意志和风格的体现。二是通过纪录片的真实性满足消费者的心理拐点。越来越多的人开始渴望真实，真实分为视角的真实和叙事对象的真实，平视的视角和对人性的关照成为纪录片广告俘获消费者注意力的内容之锚，品牌用这种真实的介质让消费者感知共鸣点，符合受众渴望真实的心理拐点。另外，真实也不一定是镜子似的再现，而是拟真和拟态的真实，品牌方可以借此从更高的艺术维度和更强烈的感染力上传递信息。鲍德里亚认为，后现代社会是媒介和技术主导下的"拟像"和"超真实"的形态，这些为品牌带来了更有冲击力的传播可能，为消费者带来了强烈的品牌接触和体验。三是通过纪录片的良心和责任为品牌传播进行公关赋能。纪实本性和人文特色是纪录片的灵魂，成为品牌建立良好的公共关系、传递价值观、承担社会责任、以社会公民发声的重要形式。例如，"福喜"事件后，为重塑形象，麦当劳推出《上菜了》系列广告，以无脚本的纪录片的形式展现店员和顾客交谈，借店员的话表达品牌心声，表明诚意和决心，利用真实的情感沟通唤起消费者对品牌的信任，用非虚构的场景故事的传播来化解危机。

5. "现场牌"：跨界直播，用现场感和互动感提升品牌营销转化率

2016 年被称为直播元年，在这一年，从规模、资金、从业人数上，网络直播行业都得到了前所未有的大发展。直播热也让很多品牌主争相加入网络直播，直播内容分为游戏直播、秀场直播和教育直播、体育直播、游戏直播等。直播平台可分为 PC 客户端直播平台（如斗鱼、熊猫、龙珠）和手机移动端直播平台（如花椒、映客、一直播、快手）等，视频直播的走红带动了国内视频直播网站的爆发式增长。原生直播公司大量诞生的同时，传统社交媒体、视频网站也开发升级新应用，进入直播领域，如优酷土豆的"来疯直播"、爱奇艺推出"奇秀直播"、新浪微博与秒拍合作推出"巧拍直播"、新浪微博与炫一下科技有限公司合作开发的"一直播"等，抖音、快手等大量直播平台的兴起是对现场感内容生产与流量变现、电商合作等盈利模式的探索，为营销传播提供了多种可能。高话题、高关注、高转化让"电商+直播"的形式被诸多品牌青睐，吴尊与雀氏、柳岩与艺福堂、张大奕和美图等都创造了品牌营销的直播纪录。同时，直播这种产业形态也延伸至新闻、音乐、教育培训、旅游等领域，直播不再是流量的入口，作为新兴的媒介，是粉丝经济深入发展的载体，为未来的文化旅游、电商变革带来了更多的可能。

随着大量的品牌主涌入直播赛道，预计到 2025 年国内的直播电商商品交易总额（GMV）将超过 7 亿元，未来的直播将随着人工智能技术的发展成为不可替代的、形式多元的媒介形式。虚拟直播、虚拟主播也成为直播的新形

式，应用动作捕捉技术和真人驱动相结合的中之人虚拟直播间、AI 智能虚拟演播间等直播间成功帮助品牌主提升了直播间趣味、拓宽了应用场景、增强了营销效能，虚拟主播的塑造和直播也在直播平台吸引了很多粉丝，如抖音上的虚拟主播金桔 2049 已经有 75.4 万粉丝。

6.“艺术牌”：跨界艺术，用时尚和品位为品牌赋能

很多品牌开始探索与艺术圈“联姻”，生产定制产品，开展主题营销传播活动。这种跨界多基于大数据下的内容开发与营销定制，如在京东与草间弥生的合作案例中，数据比对显示，京东的用户群体喜好与草间弥生的艺术调性吻合，2018 年京东与草间弥生推出主题为“以爱之名”的限量版艺术联名帆布袋，草间弥生将其标志性的创作元素“波点”运用到产品设计中，京东借草间弥生这个 IP 提升了品牌形象，强化了品牌内涵，实现了时尚圈、品牌、用户共赢的效果。京东与 Line Friends、迪士尼、正义联盟、变形金刚等 IP 的合作也都取得了较好的传播效果。京东还创立了 Joy Studio 潮流厂牌，广泛与艺术家展开跨界合作，打造潮流衍生品，与藤原浩、北美漫画大咖 Pat Lee、街头涂鸦艺术家 Greg Mike、Hello Kitty 第三代设计师山口裕子四位顶级艺术家合作，以京东 IP 为核心，设计绘画、涂鸦、插画等作品，并从艺术概念延展至服饰、配饰、数码、玩偶等潮流单品，与多家品牌合作共同打造“京东 Joy Studio 超级 IP 日”，品牌通过与艺术联姻，增强了品牌的潮流属性。

（二）主体性——人格化营销传播策略

跨媒介叙事主体性指随着故事的展开角色、故事背景、故事线索越来越丰富，叙事通过不同的人物视角展开，具有多层次、多维度的特征。按照品牌形象和品牌个性理论，在传播策略中，不仅要传播品牌形象，更要强调个性，通过品牌个性完成品牌形象的塑造。在数字内容营销传播中同样强调人格化和戏剧化，凸显品牌个性。品牌通过人格化与消费者建立人际互动和情感沟通的关系，珍妮弗·阿克将营销学和心理学两个理论交叉，把人的个性维度与品牌一一对应起来，搭建起消费者将品牌拟人化的决策方法框架，她

认为消费者对于品牌个性的认知与他们对于人的个性认知极其相似。

　　人格化营销传播策略是指品牌可以通过人格化产出优质内容，表达品牌个性和品牌价值观，通过价值观来聚拢粉丝，粉丝通过与承载了品牌人格的数字内容接触，产生角色认同和身份认同，从而移情产品，与品牌建立关系。个体更容易与用户建立信任关系，也更容易形成情感连接。以往的营销都是以品牌为中心的，塑造的品牌形象与人有一定距离感。数字内容营销传播则是以人的连接为中心的，通过人格化，使品牌变得有温度，如"三只松鼠""天猫"等品牌都是以 IP 为沟通核心塑造品牌性格，为品牌注入灵魂和生命，发挥品牌的性格魅力；再如，苏宁的 IP 是"苏格拉宁"，小狮子的形象将品牌人格化，狮子的卡通形象凭借其阳光开朗、有责任感、讲诚信的性格，收获 26 万微博粉丝，微信互动量超 50 万，抖音获赞超 109 万。

　　当下的明星代言模式也在改变，有的变成了明星与品牌主的双方合作。明星本身就是个人品牌，其与广告主在合作中是 A 品牌与 B 品牌的合作，是一种有形品牌为无形品牌的人格赋形，如 W 公司为新百伦拍摄的 TVC《每一步都算数》，它既是新百伦品牌诞生 110 周年的影视广告，又是李宗盛个人的自传式影像。在这次合作中，李宗盛并非新百伦代言人，双方只是合作关系，是个人品牌与商业品牌的合作，李宗盛从气质调性上与新百伦品牌调性一致，有阅历带来的沉淀感，符合品牌的定位，与其他强调运动竞技等特性的竞品产生了明显的市场区隔。新百伦通过合作完成了品牌人格化赋形，双方的价值观和品牌内涵都得以传播，这次合作取得了现象级的营销传播效果。

　　（三）序列性——序列化营销传播策略

　　跨媒介叙事是系列化而非线性的，为用户提供系列的、多元的文本选择，让粉丝在多个文本中切换，粉丝们积极参与，用忠诚度为跨媒介叙事的完成提供基础，叙事通常以相同的世界观在不同媒介中展开或在同一媒介中分段展开，呈现出系列性的特点。在传播过度的时代，人们接受的信息日渐繁杂，而根据"多即是少"的传播定律，能在消费者心中留下印象的内容，应是持续的、有力度的，序列化是一种持续传播、延长传播势能的有效策略。序列化的内容可以在多次传播中让消费者产生集中的、深刻的认知。在传播量的积累上，量大的必然有声势，持续性的内容生产和传播将使品牌产生沉淀，优质内容序列化传播容易建立起传播势能，与用户进行更精准的多次连接。"系列产品能利用真实和数字体验，让用户捕捉到分散的元素并对其进行编目。系列性是指故事不仅在同一媒体上分段展开，同时也在不同媒体上形成系列。"① 例如，长隆的《我的朋友不是人》、统一集团的《小时光面馆》、OPPO 的《看不见的 TA》、上好佳的《Karken 鲨》等内容，都是系列化的作品，通过多次传播累积形成较强的冲击力。其中，统一集团的《小时光面馆》通过微电影讲述以心情调味的主题故事，从 2015 年开始至今，已经推出了 12 个心情故事和创意料理，讲述面馆和客人的故事，传递用心做好每一份面的品牌观念，使销售额和品牌形象都得到了较大提升，微电影上线 3 个月就在 YouTube 上收获突破 870 万的点击量。《小时光面馆》系列故事让传播活动实现了品效合一，帮助统一销售额增长了 37%，也带动了其他统一速食面的销售。

（四）统一性和多样性——世界观统一的多元化营销传播策略

统一性指在跨媒介叙事中，故事围绕统一的世界观在不同的媒体上发展出不同的故事，但故事情节始终保持连贯性和合理性。多样性指多元化的故事线索塑造故事，随着故事的延伸，新增的叙事元素使故事更加丰富。在营销传播中，统一性意味从整体到部分的统一，在总体战略上用一个声音说话；而多样性是多元的，是营销传播组合工具的多元，也是不同渠道不同内容的多元，意即跨媒介整合策略。二者是一个有机的结合体，多样是以统一为前提的，统一是总的内核的统一。在品牌营销传播中，品牌内涵和品牌调性是统一的，而不同渠道的不同叙事方式和叙事内容则是多样的。

---

① 梁媛媛. 跨媒介叙事视域下的 IP 运营模式研究［D］. 武汉：华中科技大学博士学位论文，2017.

（五）世界建构——以故事为核心的营销传播场景建构延展策略

亨利·詹金斯认为，通过设计虚构的故事世界来支持培育系列作品须足够详尽以使多个故事展开，但要保持前后一致，使每个故事都让人感觉与其他故事有良好的匹配度。有一以贯之的逻辑和法则的宏观故事世界能让消费者更加深刻地感知这个世界，认同这个世界，从而产生购买欲望并建立较为牢固的品牌关系。例如，《小时光面馆》的内容叙事建构的新世界——虚构的面馆，将速食食品与精致料理联系在一起，改变了品牌形象，通过叙事将每一道料理赋予一种心情，用心情与消费者产生品牌共鸣，配合建构的世界进行品牌的跨媒介叙事，在 YouTube 统一面频道、电视上进行宣传，开设了小时光面馆专题网站，用户可以在网站上根据心情点击观看影片、微电影原声带，还搭配了每道料理的图文版和视频版的教学食谱，对料理感兴趣的观众可以一起 DIY 参与制作，吸引了大量粉丝。

虚构世界的建构，为品牌的延展提供了广阔的叙事空间和营销场景。统一作为品牌方构建的这个世界，承载了不同阶段的人生百味，在消费者心中，品牌不再是无形的，而是有一个仿佛真实存在的场景，是有着泛黄灯光、安静温情、木质桌子的面馆。这个世界是可以延展的、持续创新的。打造完整世界的方法也是应当产生系列、连续的内容，如可口可乐在"70-20-10"法则①的指导下，利用全新的技术进行跨媒介叙事。可口可乐的"快乐工厂"（Happiness Factory）的营销传播活动是一次成功的跨媒介叙事策略的实践。传播活动基于可口可乐自动售卖机的世界建构展开叙事，这个故事世界是可口可乐内部营销团队与代理商 Wieden+Kennedy 以及专业的跨媒介叙事咨询公司 Starlight Runner 共同策划的，该广告描述了生活在可乐机内的微小生物，以此建构世界讲述可乐机幸福工厂的故事。该咨询公司花了一年时间撰了一本"幸福工厂"的"圣经"，该书描述了自动售货机内的整个世界，从地理

---

① 可口可乐的营销法则：70%的品牌营销传播内容是低风险的，20%的内容是中等风险的（基于过去内容的升级并吸引更高比例的消费者参与），10%的内容是高风险的。

区域、个人角色到动机等。可口可乐及其合作伙伴将"幸福工厂"塑造成一个 IP，打造以此为核心的电子游戏、应用程序、社交网络活动，以及电视、广播、网络、户外和移动广告等，丰富延展内容可口可乐公司在推出这次跨媒介叙事传播后，全球销售额增长了 4%。可口可乐全球广告战略副总裁 Jonathan Mildenhall 认为："跨媒介叙事帮助我们理解了故事弧和幸福工厂故事的延展性，随着时间的推移，可以被应用于各种不同的传播媒介中。"①

（六）用户参与——用户协同共创营销传播策略

用户参与指跨媒介叙事吸引用户参与互动和进行再创作的能力，用户参与是跨媒介叙事的重要环节。例如在系列剧《看不见的 TA》播出后，在 OP-PO 品牌社区中有很多用户参与了海报生成等互动项目，在 OPPO 社区中搜索"看不见的 TA"共有 17056 条内容生成。在哔哩哔哩上以"OPPO 微电影 看不见的 TA"为关键词进行搜索，截止到 2019 年 5 月 14 日，播放量累计 49821 次，发布源都是哔哩哔哩用户，从发布用户名称看，部分是参演明星的粉丝群体，他们也参与了品牌的跨媒介叙事。另外，KOL 的参与拓展了跨媒介叙事的空间，如谷阿莫发布了《李易峰看不见的 TA》，用特殊语调对该片进行了 4 分钟的快速解读。UGC 内容为跨媒介叙事提供了延展内容，用户可参与到影片的编剧、叙事和对这个故事的解析、对手机等方面的评价中，弹幕展示了粉丝在这个叙事中的参与互动和沉浸程度。

美国学者约瑟夫·派恩和詹姆斯·吉尔摩认为，体验是未来经济的价值源，而体验是伴随着受众的参与产生的，他们将参与分为积极参与和被动参与两个维度，与吸取和浸入两个维度组合起来，就形成了"娱乐的、教育的、逃避现实的和审美的"四种体验关系。"娱乐的"是吸取和被动参与这两个维度的产物，消费者在参与品牌的跨媒介叙事时是被动参与的，这个被动需要品牌进行议程的设置和提供场景，粉丝在这个基础上参与，并非是自发的、自创

---

① Ewalat D M. Once Upon a Soda [J]. Forbes, 2013, 2 (11): 39-40.

的，而是在品牌的跨媒介故事的构建和传播内容的基础上进行的参与。

（七）沉浸性和萃取性——虚拟世界与现实世界互动策略

沉浸性指受众进入故事世界时有代入感，通过媒介技术或叙事实现身临其境的感觉；萃取性指受众通过提炼将叙事文本中的元素带入现实世界，将之化为实物或观念。根据跨媒介叙事理论，故事是一个开放的有机整体，每一次故事与受众的互动互补都是虚拟世界与现实世界的互动，让受众参与互动、沉浸其中、感知品牌。虚拟世界与现实世界互动策略是指品牌通过内容将虚拟和现实进行连接，打通虚拟世界和现实世界，为用户提供故事世界的沉浸性体验。

随着 VR、AR 等数字技术的发展，通过"实体空间场景化体验对营造、故事性的引入、虚拟现实与声光传感等数字技术的应用，实体场景与虚拟空间共同增加大众的复合体验"。① 数字技术、艺术、内容与现实产业的融合促成了全新的沉浸式产业生态的发展，数字沉浸体验馆、沉浸剧场、博物馆数字沉浸空间等纷纷出现。品牌的数字内容营销传播应当借助该策略，在建构的故事世界中为消费者提供沉浸性体验。

《小时光面馆》播出后，同名实体店也在粉丝的呼声中从虚拟世界进入现实世界，拍摄地——台北喀布狸创意居酒屋与统一合作推出快闪店，限时供应同款主题创意料理，将虚拟的符号化故事转化到受众的行动和活动中，形成虚拟世界对现实世界的干预和参与。国外也有越来越多的国家利用跨媒介叙事进行品牌营销传播，虚拟世界和现实世界的有效互动、增强沉浸感成为品牌数字内容营销传播的常用策略。

（八）个案研究："弹个车"的数字内容营销传播图谱

"弹个车"是 W 广告公司为大搜车企业旗下打造的新品牌，用黄兔子"弹哥"作为 IP 塑造了"弹个车"的品牌形象，借用这个 IP 进行了多媒介

---

① 张骁，范玉刚．媒介融合境遇下的数字艺术发展特征与趋势探究［J］．中国文艺评论，2021（8）：93-101.

叙事的数字内容营销传播活动（见表 5-3）。W 广告公司为"弹个车"定制了品牌音乐广告歌《你要换好车》，开办了线下停车场小说展，拍摄了故事短剧《车太闹》TVC 和微电影《我没有想卖一台车给你》，为"弹哥"建构出一个包括四国四城的虚拟探险世界——兔头城。用户可以如同角色扮演游戏般通过 H5 体验虚拟世界，H5 融合了互动、插画、动画、嘻哈等内容传递品牌的汽车文化为用户提供沉浸式体验。此外，打造了关于换车、玩车文化的综艺节目《野路计划》，在现实世界中邀请嘉宾体验各城用车生活和汽车文化地图。

表 5-3　"弹个车"数字内容营销传播图谱

故事角色		弹哥				
故事世界	虚拟世界	兔头城（兔形城堡）、四国探险（古巴、日本、美国、中国）				
	现实世界	停车场、四国探险、店面、楼宇				
媒介/故事		一成首付弹个车				
		奋斗本身就是一种幸福	"618""薅兔毛节"#好事要直白#	弹个车	你要换好车	跟着弹哥看世界
TVC		*	*	*	*	
微电影					*	
游戏						*
漫画				*		*
音乐					*	
动漫						*
H5						*
自制综艺					*	
周边衍生品				*	*	*
展览						
平面海报		*	*	*	*	
小说					*	

注：标注"＊"即采用了该媒介进行营销。

资料来源：笔者绘制。

这是一次较为完整的、有虚拟世界和现实世界互动的跨媒介叙事，是一次数字内容营销传播尝试，粉丝们可以通过不同的渠道、不同的方式来了解弹哥的故事，参与弹哥的历险。系列短剧《车太闷》《车太老》《车太笨》《车太冲》《车太破》《车太抖》《车太丑》《车太吵》《车太像》《车太小》线上线下互动热度较高，在全国影院投放覆盖一亿人群；停车场换车小说展，从线下发起至线上话题，实现阅读曝光1.2亿次，形成16.2万次讨论。另外，推出了弹哥IP全套衍生品，包括贴纸、潮玩、表情包、UI界面、壁纸、动画、小游戏、趣味视频素材包等，全国线下连锁终端店面也同步升级，还推出了音乐营销套系。"弹哥"这个IP成为品牌差异化和长线品牌价值的新尝试，打造了汽车新零售的第一个原创IP，弹性十足的兔子象征了"弹个车"给用户提供的弹性购车方案。弹哥的形象被有意识地打造出来并开展IP运营，打造成汽车新零售的"一哥"品牌形象，弹哥IP被应用到用户可以感受到的每个品牌接触点中，令这个新品牌在700天内变成行业领军品牌，获得5.78亿美元的融资。在第二届"618""薅兔毛节"中，成交量达到15673台，成交总额约20亿元。

如同"弹个车"一样，很多品牌开始探索品牌IP化，品牌IP化即品牌围绕IP进行塑造，可以分为五个阶段：一是IP导入期，即创建品牌IP，对产品和品牌进行深度分析，提炼IP要素，做好最佳评估和匹配。品牌视觉符号IP化、品牌故事IP化、品牌个性IP化、品牌内涵IP化，好的IP形象鲜明、情感丰富，是品牌与消费者沟通的核心。二是成长期，IP通过集中推广增加曝光量，也可以通过明星流量等最大范围覆盖传达，普及品牌形象认知度。三是深耕IP延伸，在数字内容产业链上最大限度开发衍生品，增强与消费者的情感沟通和互动体验。四是深挖IP核心价值，深化品牌内涵，制造现象级话题和事件，增强关注。五是跨界合作，通过IP品牌与其他品牌共生营销，扩大品牌触达点。

品牌与其他数字内容的合作，也不再是传统的谁借用谁，在今后的研究和实践中，应当更多借用媒介融合观下的跨媒介叙事设计品牌传播战略和策略，提升品牌传播效果。在媒介融合的时代，品牌传播在整合营销传播上的思路应当适当调整，根据不同媒介及其内容适应性的特征去布局规划品牌传播内容，制定适当的品牌传播策略，即按照詹金斯的跨媒介叙事理论、通过故事的设计和传播，吸引聚合更多的粉丝参与其中，通过 PGC 和 UGC 的内容合力，在跨媒介叙事上争取最大的曝光和声量，建立起更加稳固的品牌关系。

第二节　数字内容营销传播的共生
模式与共生组织类型

共生模式又称共生关系，是指共生单元相互作用的方式或相互结合的形式。根据袁纯清和冯德连等学者的研究，共生模式分为共生组织模式和共生行为模式，其中共生组织模式按照共生程度高低来确定和分析其具体的共生组织模式。共生有三个必不可少的要素，即共生单元、共生模式和共生环境。

"共生单元是指构成共生体或共生关系的基本能量生产和交换单位，它是形成共生体的基本物质条件。在不同的共生体中，共生单元的性质和特征是不同的，在不同层次的共生分析中，共生单元的性质和特征也是不同的。共生模式，又称共生关系，指共生单元相互作用的方式或相互结合的形式，它既反映共生单元之间作用的方式，也反映作用的强度；既反映共生单元之间物质信息交流关系，也反映共生单元之间的能量交换关系。共生单元以外的所有因素的总和构成共生环境。"① 共生的三个要素共同反映着共生系统的动态变化和规律。在三要素中，共生单元是基础，共生模式是关键，共生环境是外部条件，三者之间相互作用、相互影响，共同构成一个完整的生态系

---

① 冷志明，张合平. 基于共生理论的区域经济合作机理研究［J］. 未来与发展，2007（6）：15－18，24.

统。共生模式不仅反映和确定共生单元之间复杂的生产和交换关系，而且反映和确定共生单元对环境可能产生的影响和贡献，同时它还反映共生关系对共生单元和共生环境的作用。共生三要素相互作用的媒介称为共生界面，它是共生单元之间物质、信息和能量传导的媒介、通道或载体，是共生关系形成和发展的基础。

传统理念认为，广告这一产业属于寄生产业，依赖其他行业的发展而发展，数字内容营销传播方式的出现向我们展示了广告产业的共生性，广告与内容产业不再是单纯的寄生关系，而是演化出多种共生模式。在很多的案例中，品牌数字内容营销传播效果是二者的品牌资产都得到了提升，二者的品牌建设得以共同发展，因而笔者从共生模式和共生组织的合作类型出发，将数字内容营销传播的要素重新梳理，发现其合作的共性和规律。

一、数字内容营销传播的共生模式

共生模式按照共生利益自低到高依次划分为寄生关系、偏利共生关系、互惠共生关系三种（见表5-4）。

表5-4　共生模式的种类与特征

种类角度	特征
寄生	不产生新能量，寄生者是能量的接受者，而寄主是能量的付出者，两个共生单元只存在单向的利益交流机制，即仅有利于一方进化而不利于另一方的进化
偏利共生	产生新能量，但新能量只为某一共生单元所得，这种关系对一方有利而对另一方既无利也无害
互惠共生	产生新能量，且在共生单元之间分配，存在双向的利益交流机制，新能量来源于共生单元之间的分工与协作

资料来源：笔者根据文献资料绘制。

（一）寄生关系——传统合作日渐式微

寄生指两种生物生活在一起，一方是宿主，是受害者；另一方则是受益者。在寄生过程中，双方不产生新能量，寄生者是能量的接受者，而寄主是能量的付出者，两个共生单元只存在单项的利益交流机制，即仅有利于一方进化而不利于另一方进化。

品牌进行数字内容营销传播，如果牵强附会、组合不当就可能成为寄生关系，会损害 IP 品牌的形象，成为利益损害点，当然品牌也无法获益。很多传统合作形式如同寄生，是无创新或未在数字内容营销传播战略管理下盲目跟风的结果，作为内容方应当尽量避免这种模式，因为长远来看对双方都无利好，可谓没有 IP 的火，就不会有品牌的热。例如，英菲尼迪在与深圳卫视《极速前进》合作时复制了曾经与《爸爸去哪儿》和《舌尖上的中国》的合作模式，但却迎来惨淡的收视率和植入生硬的反馈，同时赞助节目的品牌主较多，品牌声量被稀释，也因为节目本身在引进时未能较好本土化，对于品牌方和内容方来说，在收视率、热度和口碑上都无利好。

（二）偏利共生——单方赋能难以持续

偏利共生即产生新能量，但新能量只为某一共生单元所得，这种关系对一方有利而对另一方无利也无害。这种情况分为两种：一种是对内容制作方有利，但对品牌方无利也无害，即传播效果平平，并未产生更多的能量。仅为制作方赋能的情况如一些创意公司制造雷同的内容，但并未出现很好的营销传播效果，反响平平。不少品牌渴望制造爆款内容，却因内容同质化无法脱颖而出，盲目合作和跟风的内容仅仅为制作方累积了案例，是当下内容营销的误区，在情感营销同质化的语境下，品牌个性和差异化日益趋同，受众感知阈值提升，品牌与用户情感沟通的门槛变高，内容生产难度加大。另一种是品牌主获益，但内容 IP 在双方合作中无害无利，数字内容 IP 虽然有了合作方，但在传播中未能因此吸引更多消费者，或未能带来更高的品牌资产。

（三）互惠共生——双方获益共享价值

互惠共生即产生新能量，且在共生单元之间分配，存在双向的利益交流机制，新能量来源于共生单元之间的分工与协作。合作双方的品牌资产都可以得到提升，双方互惠互利，互不侵害、同步传播、共生共赢，这是数字内容营销传播的理想状态。《奇妙的朋友》和长隆的合作、《向往的生活》和江中猴姑米稀的合作都是这种状态。以后者为例，合作将"慢综艺"与"快消品"建立共生单元，取得了良好的效果，品牌关注度、节目关注度、产品销量增长走势明显。湖南卫视的综艺节目《向往的生活》是关于明星守拙归田园、自力更生、自给自足的慢综艺节目，与食疗早餐的契合度较高，在潜移默化中烘托出江中猴姑米稀高品质、健康养胃的品牌气质，使其在播出后销售端脱销。2017 年第一季度，从数据上来看（见图 5-7），双方品牌关注度、节目关注度和产品销量走势上升明显。

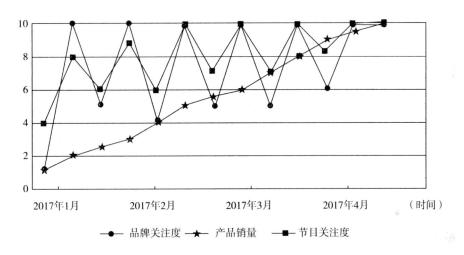

图 5-7　《向往的生活》与江中猴姑米稀合作效果图

资料来源：湖南卫视招商手册。

2017 年 4 月 16 日节目收官前后，《向往的生活》在微信内的影响人数达到了 605137 人。导致共生效果良好的是节目内容与品牌共同实施的慢传播策略，即不急于跳脱，品牌传播高度融入节目内容；不急于说教，理念传播循序渐进，内容排期科学有序；不急于营销，侧重消费感受，传递品牌温度；不急于导流，上游以内容为主导沟通受众，下游以品牌为主力甄别消费者，培育消费者，品牌曝光度上升。

在借用网红的营销中，网红作为网络上的个人品牌，与品牌合作的最终目的是基于共生的网红营销，既不能损害网红个人品牌形象，又能助力品牌营销传播。网红的生命周期可以分为快速成长、逐步成熟、商业价值稳定增长、生命周期延续与转型升级、升级后粉丝无法留存等几个发展阶段。前期主要是通过渗透和原生内容信息流融合策略进行传播，待其商业价值进入稳定增长阶段后，要引入转化激励共生策略，提供定制产品和奖励，融入网红生态联盟，协同为网红品牌增值；在延续和转型阶段，网红与品牌协同升级策略，使升级品牌或新品牌与新形态网红共同诞生，共同接入粉丝群体，完成粉丝的价值迁移，从前期的慢慢培养和渗透，到网红增值，再到后期的协同升级都体现了品牌共生的战略和策略。

二、数字内容营销传播的共生组织类型

从共生组织程度上来看，按共生程度自低到高依次划分为点共生模式、间歇共生模式、连续共生模式和一体化共生模式四种（见图5-8）。共生度是衡量共生系统之间相互影响的程度，关联度描述的是共生单元整体之间的相互关系，以上两个指标可以用来分析共生单元的关联程度。具体通过双方发生作用的方面、次数以及稳定程度三个方面来确定关联度和共生度。共生单元之间发生作用的方面越广泛、次数越多，关系越稳定，共生程度也就越高；共生关系的生成具有必然性，界面越稳定、共生专一性水平越高，共生程度也就越高，相应的共生组织模式越高。

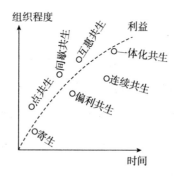

图5-8 共生模式缩略图

资料来源：笔者绘制。

（一）点共生模式——噪音多影响力短暂

点共生以偶然性、随机性为特征，在共生形成时由于共生过程短、能量交换少、共生对象非专一性等因素，该模式对共生单元进化的推动作用相对有限。该类型的营销传播模式表现为品牌主借助单一的数字内容形式，如电视节目、电竞游戏比赛冠名，或者在电影、电视剧、游戏、动漫、直播中植入品牌元素或与网红明星等进行一次性的合作等，除以上基本合作外并未有其他线上、线下深度合作或持续深入合作。因为共生时间短暂，消费者无法全面深入地体验产品和了解品牌价值。这类模式通过较单一媒介传递品牌信息、产品信息，很难与消费者产生强关系，还可能因为曝光过度等处理不当引发受众抵触情绪，影响品牌信誉。此外这种共生模式还有一些局限性，因为共生的非专一性，常常是多家品牌共享共生权，传播时可能交叉多方噪音，影响品牌声量，品牌主唯有结合品牌自身特性进行战略性规划，才能掌控共生主动权。例如，网红张大奕与露得清跨界合作，4小时内销售两万片面膜。与以往传统的明星和品牌的合作模式不同，张大奕以"露得清合伙人"的身份，开创了网红合伙人营销模式，但由于其也与其他品类的品牌进行合作，这种共生是非专一性的，影响也是短暂的，对共生单元的推动有限。

（二）间歇共生模式——频次影响效果受损

间歇共生指脱离了完全随机性，具有能量交换的多次性，但却是不连续的和间歇的。例如，世界杯、电竞比赛等赛季赞助，由于共生时间是间歇的，呈现出不连续的特征，频次问题可能影响合作效果。但这种赞助也可以产生新的能量，哈尔滨啤酒与电竞行业的LGD俱乐部的合作成为电竞营销史上最成功的案例，这次合作让"一起哈啤"成为电竞圈的流行词汇，在赞助比赛期间，有哈尔滨品牌露出的比赛直播观看人数达到了1.58亿，游戏相关的"一起哈啤"的网络热度占到了总体"一起哈啤"提及率的67%，热度超过赞助世界杯。哈尔滨啤酒在电竞营销以较高性价比获得了电竞领域的最大声量，通过电竞表达了对年轻人关注热点的认同感。对于电竞赛事方和俱乐部而言，与哈尔滨啤酒联合，首先是俱乐部赢得了资本支持，丰富了战队实力；另外通过广告传播提高了电子竞技的社会认知度，推动其成为更多人喜欢的新兴体育项目。这次共生合作令双方都产生了新能量，但由于比赛是间歇性的，共生状态不连续，影响了长远效果。

（三）连续共生模式——持续专一能量集聚

连续共生模式具有共生形成的内在必然性，共生过程具有长期性、能量交换的连续性、共生对象的专一性、资源共享的全面性等特征。首先，持续专一性可以让双方品牌在曝光上更为集中，在品牌调性的表达上更为明确。可以通过一个 IP 核心，在双方品牌共同发力下，在数字内容营销的生产端和发行端都可以发挥最大效力。例如，飞鹤与湖南卫视以《快乐大本营》这个IP 建立共生单元，以节目内容为核心，组合了《快乐大本营》合作伙伴、芒果 TV《快乐大本营》网络冠名、《快乐大本营》摇一摇、《快乐大本营》社媒及公关、快乐购等生态资源，实现飞鹤品牌及产品的认知传播和曝光；联合《快乐大本营》打造了飞鹤星妈会的用户平台，提出了属于飞鹤星妈的主张——"成就闪耀的自己"。湖南卫视的数据显示，这一数字内容营销传播的尝试为飞鹤品牌带来了区别于传统模式的两倍性价比的曝光，平均每 1 万次曝光有一个用户留存，配合社交媒体的"双微"运营优化用户体验，社交媒体的热度指数较上年增长一倍，全网用户关注较上年同比上涨 200%，协同飞鹤品牌宣传促进业绩同期增长 45%。与传统的节目和品牌的合作不同，新的台网模式下品牌以 IP 内容为载体，从节目植入曝光传播到数字内容的全网覆盖，从社交媒体的明星娱乐话题、剧场表情包到创意短视频等，在多个层面深度结合 IP 打造品牌线上线下的主题营销活动，同步开发联名产品及周边礼品，充分挖掘 IP 的市场价值，让用户从观看电视节目到渠道产品购买，再反哺观看节目，获得了基于 IP 内容的完整体验，让喜欢节目的用户喜欢上品牌，品牌的用户支持节目。

其次，可以围绕 IP 在明星代言、电商导流、粉丝互动等形式与数字内容的整合开展深层次的持续合作,通过多产业 IP 协同让能量集聚,借助大数据及媒介平台的强大实力来构建数字内容生态链。例如,苏宁易购与阿里文娱双方共同推出《三生三世十里桃花》IP 同名电影,上映期选择了苏宁易购的"818"购物节,电影的主角是品牌方的代言人,阿里文娱通过分析大数据发现电影《三生三世十里桃花》男主角演员的粉丝群体与关注苏宁易购且在苏宁易购上有购买行为的人群具有极高契合度。最终,苏宁易购"818"购物节联手阿里文娱智能营销平台的活动总曝光高达 2600 万+,苏宁易购"818"活动转化率成功增长 73%,阿里文娱也在共生中通过苏宁易购的平台资源放大了声量,共享营销场景和粉丝流量,形成了持续专一、能量集聚的共生关系。

(四)一体化共生模式——高度链接整合稳定

一体化共生是两个共生单元高度联系的结果,双方组合成为一个具有独立性与结构的共生体。对于共生环境而言,共生体中的各个单位已不具备独立的性质和功能,共生关系具有更高的稳定性。一体化共生模式是指在合作频次和合作力度上都是深度的,合作关系具有稳定性。例如,加多宝和浙江卫视合作的《中国好声音》,"正宗好凉茶,正宗好声音""让加多宝和好声音成为共生体,提到好声音就能想到加多宝,反之亦然。在某种程度上,'加多宝 中国好声音'已经成为一个全新的品牌"① 两个品牌绑定,在消费者心目中等同起来,外化为标志性符号"V",打造二者共生关系,将节目标志性符号 V 形标志用到品牌外包装上,V 罐为加多宝赋予了更多内涵,品牌内涵从功能性提升到了情感性层面,赋予了加多宝更多欢庆成功的使用情境。两个品牌深度共生营销,好声音品牌从无到有,再到成为知名节目,加多宝市场份额也得到迅速提升。

共生模式不是一成不变的,而是随着共生单元、共生环境等共生系统状

---

① 余明阳,朱纪达,肖俊松. 品牌传播学 [M]. 上海:上海交通大学出版社,2016:145.

态的变化发生改变，改变的趋向主要分为两种：一是由点共生向一体化共生方向进化，随着双方组织程度的提高，双方从点共生到间歇共生、到一体化共生；二是由寄生向对称互惠共生进化，从寄生到偏利共生到非对称互惠共生再到对称互惠共生，表现为共生能量分配对称性提高。所以，IP 既是内容又是品牌，是其他品牌争相合作共生的对象。双方合作的目标是利用数字内容实现共赢，从较为初级的共生向更高阶和更优化、关联度更高的共生关系发展。两个品牌纵深合作，从整体品牌形象到品牌联想、品牌传播战略和策略层面都要开展以共赢为目标的活动，从融合、协同到共赢，借用双方的粉丝和数据、平台资源在消费市场上共享资源。从产品设计、营销传播等领域进行深度合作，实现共生双方的深度联合和共赢，提升双方的品牌资产，为品牌做长期投资。

第六章 共生风险

——数字内容营销传播的风险与管理

共生关系在为合作双方提升价值的同时可能会引发共生风险，数字内容营销传播中的风险主要分为以下两大类：一是外部环境风险，如政策风险和网络舆情风险等；二是内部管理风险，如产品问题、品牌形象管理问题等。在数字内容营销传播时规避风险，合法有效地管理品牌营销传播活动，是品牌为自己构筑的第一道警戒线，也是维护整个营销传播生态健康有序运营的重要屏障。下面笔者将从外部环境风险和内部管理风险两个方面阐述品牌数字内容营销传播的风险并提出防范建议。

第一节 数字内容营销传播的外部环境风险

外部环境包括生态环境、政治环境、经济环境、社会环境、技术环境等，共生风险也与这些因素密不可分，如生态环境因素引发的自然风险、各种灾害、疫病流行等，通常具有不可抗力，技术环境相关的技术风险在高科技迭代常态化的当下不可忽视。品牌与数字内容在共生时面临各种因素的风险，尤其是政策风险和管理风险，政策风险是指政策变化给品牌带来的决策风险，品牌在数字内容营销传播决策时要顺势而为，顺应国家的方针、政策，避免与之相违背，避免因此产生战略失误或效益损失；管理风险是指数字内容传播与品牌共生时因管理不当带来的形象风险，常见的有版权风险、明星代言风险等。在品牌数字内容营销传播过程中常有不可预测的突发风险和危机出现，如一些品牌在宣传内容中出现失当内容，会在社交平台上引发舆论抗议，这些不当的内容传播可能会给品牌带来一系列难以挽回的损失，这种因数字内容的传播管理不当产生的风险频出，应当引起双方足够的重视。

一、政令限制引发品牌传播决策风险

首先，数字内容产业在我国是新兴产业，政策方面常态化的调整和技术方面的常态化迭代现象为这个行业带来了诸多不确定性，各细分领域的内容生产导向由此充满了不确定性，因而品牌的数字内容营销传播在面对这些不确定性因素时充满了风险。其次，数字内容产业覆盖面广、流程繁杂、周期较长。例如，影视制作是一系列连续、复杂、相互关联的法律行为，在项目策划、剧本开发、融资、拍摄、后期制作、发行、放映、宣传、票房分成、版权管理和保护、衍生品开发等一系列流程和活动中，风险无处不在。影视制作周期长、资金投入大、融资难、法律风险高，因此在影视剧项目、演出、播出的各个行政环节中都有可能出现风险，品牌在新的共生环境生态和共生关系中应重视与双方行业密切相关的法律实务问题。品牌的数字内容营销传播战略布局、共生关系的合同拟定、内容管理等须提前通过政策解读有效识别并规避法律风险。合作双方除了参照商标法、广告法、公司法、合同法等常规企业经营的法律外，还要增加娱乐行业和文化产业的相关法律规定作为参照，如《著作权法》等，当下的数字内容产业，迫切需要规范和制定行业规则的新法律。目前国内有学者提出应当在行业基础和现有法律基础上，制定新的专项娱乐法，确定行业规则以保护行业参与者的利益，保障行业生态健康蓬勃发展。虽然新的法律尚未确立，但与此相关的法律服务已在行业实践中随着数字内容行业的发展成为热门领域。其中，出现了熟悉影视内容等行业知识的娱乐法领域律师，可以为品牌提供版权服务、制作环节、联合摄制、合同谈判起草等方面的法律业务服务，也有专门提供有关文化娱乐产业法律服务的知识产权律师，为产业投资方面的公司并购和收购，私募基金设立、投资、影视项目投资，开发、制作、发行等，IP授权、管理、维护等提供法律咨询服务。品牌主在数字内容营销传播时应当在生产、制作、发行等各个阶段增强法律意识，寻求兼具娱乐行业和文化产业行业经验的专业律师提供法律咨询服务，避免因为传播内容违反法律引发品牌危机，充分的法律意识和完备的法律服务体系是品牌在数字内容营销传播时有效规避风险、进行商业决策的基本保障。

二、版权问题株连品牌形象风险

品牌形象风险是内容传播失当可能引发品牌调性模糊、声誉受损等问题。互联网让信息传播、变异、复制、转载变得非常便捷，而未经著作人同意的作品复制或抄袭让IP的改编侵权事件频频出现。IP横跨影视业、游戏业和出版业，版权纠纷时有发生，IP的经济价值引发了内容生态体系中的版权争夺乱象。例如，2018年7月，网剧《白夜追凶》被指侵犯原作者著作权，优酷被起诉，原告陈琼琼将编剧寒冰和出品公司诉至法院，判令二被告在新浪网、优酷网、搜狐网、凤凰网等显著位置及其官方微博发表经原告认可的声明。类似这种版权争议官司的风险，势必影响内容IP品牌的品牌价值，若处理不好还将产生连带效应，损害与其合作的品牌形象。品牌主在进行数字内容营销传播时，要有版权风险意识，做好内容调查，规避风险，提前筹谋建立防御体系，避免版权问题引发品牌形象危机。因此，在进行数字内容营销传播时，也应该提前预估评判风险，不能因IP侵权内容不当等问题影响品牌形象和品牌价值。

从源头上规划版权问题，做好有关知识产权的申请工作，防止侵权和被侵权，对于品牌数字内容营销传播而言至关重要。IP在品牌传播中的商业价值使其成为市场上相互争夺的稀有资源，而保持其独特性，助力品牌价值提升是IP长远发展的立足之本，品牌主应以身作则规范IP使用，在获得权利人的授权或购买作品的版权后，才能对作品进行改编创作，作为品牌内容进行传播。IP可以通过两种方式来获得：一是自动取得，即作品自创作完成后就获得了版权，不需要履行任何批准或登记手续。在国内，《著作权法》规定，著作权是自作品创作完成后就自动产生的，无论作品发表与否都无须经过任何批准或登记手续，只要作品完成，就能取得著作权的保护。例如，2017年北京新片场传媒在新浪微博上传《第一天的开始，一辈子的坚持》短视频，被知乎用户辛某起诉，称该短视频故事系其发表在知乎回答上的亲身经历，最后法院判决新片场的短视频内容系侵权，因为用户在知乎上的发帖自发布起就获得了版权。二是注册取得，即作品可以到相关部门登记注册获得版权。

品牌方在借用数字内容营销时，要遵守内容生态系统的规则并根据具体项目排查风险，避免因为合作IP的版权、运营等问题殃及池鱼，损害品牌形象，损害品牌声誉。品牌主可以针对版权问题建立风险清单，通过分析可能存在的风险源开展著作权、商标权、创意保护等系列风险管理，如著作权作为内容管理的主要的法律规范，在用内容进行传播时，需要审核其著作权是否受到法律保护，或内容是否有侵权行为，从而有效评估、规避风险。

在与数字内容合作时，根据商标权监测品牌形象，防止商标弱化和商标丑化，其中"商标丑化"是将知名品牌形象与劣质商品相联系，或商标出现有违社会风俗或令人不适的场景（如色情、暴力、违法的场景），从而损害品牌形象的行为。例如，在"柯达公司诉拉寇案"（*Eastman Kodak Co. V. Rakow Eastman Kodak Company*）中，被告拉寇是一名喜剧演员，其未经柯达允许，擅自将其表演节目冠名为"Kodak"，因其讲述涉及性和暴力的段子损害了柯达的健康品牌形象，最终法院判定被告不允许使用柯达的商标，并颁布了永久禁令①。因而，品牌要注意监测品牌在数字内容生态体系中的使用情况，防止在不知情中被误用，或在与IP合作时，原本的创意方案被单方面改动未

---

① 宋海燕. 娱乐法［M］. 北京：商务印书馆，2014.

按照约定进行，导致品牌形象受损或影响营销品牌传播效果等，品牌方可以通过风险清单逐一排查风险项目（见表6-1）。

表6-1　品牌数字内容营销传播风险清单

序号	风险项目	权利
1	著作权	人身权：发表权、署名权、保护作品完整权 财产权：复制权、演绎权、传播权 相关权：出版者权、表演者权、录音制作者权、广播组织权
2	商标权	植入广告违约、商标淡化（丑化）、影视作品片名保护、角色商品、商品化权（角色形象权）
3	人格权	隐私权、名誉权、个人形象权
4	创意保护	以合同保护创意、对策（拒绝接受未经邀请主动提供的创意、由经纪代理出面提交协议）

资料来源：笔者绘制。

浮躁喧哗的数字内容营销传播环境正在缩短新兴品牌的生命周期，在求快、求新的营销生态下，有的品牌通过网络短视频走红，由于缺乏市场沉淀和积累，当热度衰减后，品牌昙花一现。从某种意义上说，这种品牌并不是真正意义上的品牌，而只是短期炒作传播的符号，这种资本主导下的市场环境导致品牌的生命周期越来越短。浮躁和喧哗的数字内容产业环境，为品牌提供了速成模式，但同时也可能让品牌成为披着外衣的资本运作载体，一个品牌出现并迅速延伸，由于品牌内涵并未经过很好的沉淀，在资本运作完成后，又迅速被新的品牌替代，长期来看，这是对品牌生态的损害，容易使注重内涵的和积淀的传统品牌在接踵而来的品牌更迭中应接不暇，在追逐数字内容中丧失品牌本我，导致品牌的成长生态遭到侵袭和损害。例如，"占卜茶"在抖音上爆红后，迅速推行全国加盟，但产品本身并未具备不可替代的特色，品牌价值在热度中被迅速透支。由数字内容聚集来的资本注入后追求短期内利益最大化，因而常会忽略长期品牌建设，若品牌短期发展不好被加盟商舍弃，资方可以迅速启用另一个 IP 塑造品牌，再开始新一轮的资本运作。在这个过程中，最大的获益者是制造流行和热度并从中获益的资本运作方，加盟商和品牌只是资本运作的工具，品牌不再是长久发展的品牌，更如同一茬茬待资本收割的"韭菜"，受资本控制的新兴品牌生命周期越来越短，品牌生态越来越浮躁，品牌沦为数字内容生态中快速迭代的试验品和资本聚集的符号。长远来看，消费者可能在这种迅速变换的品牌更迭中丧失对品牌的信任，这将影响到整个品牌的成长生态，这种环境不是品牌生长的良好生态，品牌无法得到充分的时间去沉淀、积累。数字内容可以让传播不断裂变和爆红，但品牌生命力的命脉还要依靠持久的品牌发展战略管理，被资本裹挟向前的品牌不能忘掉品牌的本真，产品、服务、运营模式、技术是品牌的立足之本，产品或服务质量是品牌的根基，双方诚信互惠是合作的前提，双方在合作时要兑现承诺给对方的权益，若内容生产方不能兑现品牌主需求，或在具体操作中出现影响对方品牌声誉等问题，将影响共生关系。

第二节　数字内容营销传播的内部管理风险

一、管理缺位引发品牌权益风险

品牌要重视进程管理，保障执行层面的追踪、监测和危机应对，在品牌数字内容营销传播的执行层面，应设置专门的团队和权责分明的具体岗位与合作方进行对接，对品牌权益和合作效果进行体系化、常态化评估和监测，跟踪数字内容营销传播动态并及时做好危机应对预案，出现问题立即启用预案，最大限度减少品牌风险，并尽可能借力打力，转危为安。如果在具体的执行层面管理缺位，可能引发品牌权益受损。例如，品牌方在合作时要有法律意识和道德意识，不忘企业社会责任，不能在流量和曝光前丧失准则，须保持自律，对内容保有基本的审查和最终把关权，通过持续管理把控整个流程。当执行层面出现偏差，侵害品牌权益，或出现数字内容与品牌形象或品牌内涵无法一致等情况时，应主动处理其负面效应，撤回已发布内容，及时表态，减少不必要的损害，或立刻中止合作，通过法律途径维护品牌合法权益。在数字内容成为品牌传播的重要组成部分时，品牌传播如何与内容组成共生关系在为合作双方提升价值的同时，可能会引发共生风险。因此如何识别风险、规避风险，值得进一步思考和研究。

二、盲目追逐文化泡沫可能引发品牌调性模糊或道德风险

首先，品牌与数字内容二者是一荣俱荣、一损俱损的关系，如选择错位，品牌个性不一，会造成消费者认知不协调，严重的甚至会产生抵触情绪。合作品牌的细微变化会对自己的品牌战略产生影响，可能需要重新调整战略，避免资源消耗和精力浪费。当品牌合作结束后，需要在消费者头脑中将两者分离，再重新建立各自独自的形象。其次，品牌在进行数字内容营销传播时，还应考虑内容的本土化和其他品牌植入情况，避免营销过度，品牌密集入画将影响内容的品质。统一企业的定制微电影广告《小时光面馆系列》一度为其销售额带来37%的增长，获得戛纳创意节品牌内容与娱乐金奖，《小时光面馆》已经成为统一企业的品牌资产，具有持续性和累积性，为品牌带来用户关注和价值观传递，对统一企业的品牌形象和品牌内涵都起到了很好的诠释和传递，也以持续生产的内容保持与消费者建立情感接触。然而，很多品牌在追逐流量时用了不恰当的方式或不匹配的数字内容进行营销传播，反而适得其反，双赢变双输。数字内容营销传播通常要蹭热点，然而某些热点的尺度在新媒体时代不易把握，在后真相时代，跟热点越快、越近反倒经常遭遇反转，这样的营销可能损害品牌形象，也由于成本太高常常导致品牌主损失惨重，令品牌价值受挫，不能实现内容赋能，反倒成了负面内容的受害者，品牌一旦与这种风险联系在一起，很难再用公关的方式扭转既有刻板成见。品牌在数字内容营销传播时应该恪守道德底线，不能为了关注度丧失该有的准则，以免引发不必要的品牌危机。

第七章 共同进化

——数字内容营销传播生态圈的行业变革

共同进化又可称为协同进化（Co-evolution），协同进化是生态系统的本质，协同进化是"一个物种的某一特性由于回应另一物种的某一特性而进化，而后者的该特性也由于回应前者的特性而进化"①。品牌数字内容营销传播生态圈的进化包括各生态系统内的生态因子个体的进化，也包括这些变化引发的其他生态因子产生的变化，彼此互为因果、共同进化，整个生态圈在进化中走向有序、良性的发展态势。在进化过程中，外部的环境生态系统、内部的核心内容生态系统和用户生态系统、广告行业和内容产业等扩展生态系统互相适应、相互作用，共同朝着愈加优化的方向发展。行业生态系统中以电商为代表的平台方，如今不仅是一个销售平台，而是正在演变为一个拥有多样社群且不断成长的生态系统。以爱奇艺为代表的内容平台方不再是内容载体，正在以内容为触角向外扩展延伸，在生态体系中的角色日渐成为主动聚合的一方，从分发内容的平台变成以 IP 为核心的多业态资源聚合的枢纽；传统媒体在品牌数字内容营销传播热潮裹挟下，也走出舒适圈，向数字内容产业进军，积极拥抱新媒体，探索媒体融合，拓展多产业布局的版图，以谋求新媒体格局下的一席之地；品牌主围绕内容主动开展营销传播，有意识地开展 IP 生产孵化、授权、衍生延伸等业务；数据平台方也如雨后春笋般出现，

---

① 张树义.协同进化（一）——相互作用与进化理论［J］.生物学通报，1996，1（11）：35-36.

辅助内容生产分发,使其有据可依,各方对营销传播人才的需求由此发生悄然变化,整个行业因为数字内容产业的迅猛发展正在发生一系列的变革。

第一节 品牌方和平台方以 IP 为聚合点的布局演变

数字内容营销传播品牌生态圈的进化具体表现在品牌主、代理公司、内容平台方、平台服务方等利益相关方随着 IP 生态圈和用户生态圈进行了变革,这些变革包括组织架构、行业生态中的角色和相互关系等,身处生态圈的各方在产业布局、业务范围、利益诉求、合作关系、资产走向等方面都发生了变化。本节首先分析各方在组织架构和营销模式上的变革,品牌方、平台方、媒体方都在以 IP 作为聚合点,在组织架构和营销模式上进行全面布局,与以往的组织架构相比,有了全新的探索和创新实践,但都显现出明显的边界模糊和跨品牌、跨行业的共生业态,尤其是内容平台方,作为内容承接者,最先进化成为生态型组织。

一、品牌方以 IP 为聚合点重构组织内部生态

从品牌主角度看,有的品牌已经将 IP 看作核心营销点,以此为黏合点吸引其他品牌和行业,共谋发展,尤其是部分电商品牌和新兴互联网品牌,率先展开了全新的品牌数字内容营销传播的探索。例如,在京东、三只松鼠、天猫、苏宁等品牌形象的塑造和品牌营销传播中,IP 都处于重要地位。在品牌组织内部架构上,有的品牌设立专门的 IP 营销部门,整合资源为品牌进行数字内容营销传播,如京东专门成立的 IP 营销部,在其他部门配合下主导品牌的日常传播管理。IP 在内部组织架构和对外传播中处于重要地位:一是可以作为聚合点聚合品牌方,进行联合授权,提升衍生品丰富度;二是可以与全球 IP 合作,为品牌提升价值感知和好感度;三是能够聚合消费者,有共同喜好的消费者在更丰富多样的 IP 内容及创意衍生品种汇聚。以京东 IP 数字

内容营销传播模式为例（见图7-1），居于中心的是京东电商平台，借助平台优势整合资源，用资源聚力曝光。外围分别是IP、消费者和品牌方，通过IP与全球顶尖IP开展合作定制，提升品牌好感度，通过精准筛选IP，在强势曝光后吸附并拓展IP粉丝；京东与顶级品牌联合授权，提升平台内衍生品丰富度，开放转授权的营销通路，延展更多的SKU，而IP在商业化和提升生产力的同时，在品牌实现溢价效应后获得IP红利；消费者这一方在IP中获得了丰富的内容和情感的投入，获得了IP内容及创意衍生品。京东通过IP内容和品牌联合，提升了成交额，最终消费者通过情感式购物体验与京东品牌产生关系，激发认同感，几方环环相扣、互为表里。

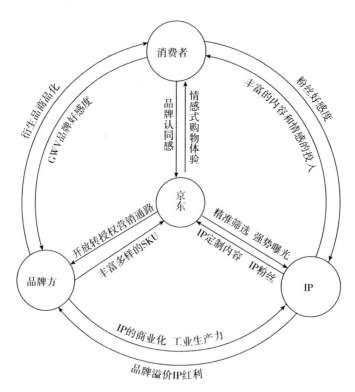

图7-1 京东IP数字内容营销传播模式

资料来源：从卖萌到卖货，京东在IP营销这件事上是认真的〔R/OL〕.（2018-11-27）〔2022-04-30〕. https://socialbeta.com/t/JD-IP-aggregation-marketing-2018-11.

可见，IP 在整个平台的组织架构中起到至关重要的枢纽作用，首先在消费者一端，京东通过 IP 打造粉丝社群、开展主题活动、推出节目，通过丰富的 IP 形象和品牌故事制造话题与粉丝进行互动，通过品牌社群运营产生圈层效应；其次在行业端，京东借助 IP 赋能商家，联合影视、综艺、潮流时尚、艺术文化等多个领域，与商家共同提升 IP 价值，京东通过联合优质品牌共同打造 IP 定制商品，进行衍生品开发、售卖。京东设立专注于为京东零售在售品牌提供跨界联合宣发、跨界产品设计、全域流量聚合、爆品推广、用户研究等全链服务的京东跨界研究院（以下简称东跨院），并将其作为京东品牌联合营销计划的"创+"平台。东跨院依托京东用户画像与用户习惯等大数据，以 IP 为核心与跨界合作对象整合共同打造爆款产品，开启精准营销等体系化产业化运营思路，从用户需求、流量扶持、IP 商业化效率等多方位综合考虑，打造 IP 营销闭环。舒尔茨在《重塑消费者——品牌关系》中提出的品牌整合传播模型（见图7-2）描绘了互联网带来的碎片化信息时代下新的市场营销的四个关键要素（品牌传播内容、消费者、传输和内容）及其关联，用好这四个传输要素有助于有效、高效地为买卖双方创建长期关系的传播方案。有创意的、有诚意的品牌传播内容具有聚合作用，将消费者聚集在一起，可以拓展更多衍生品，通过话题性引发互动，将品牌与消费者联系在一起，同时品牌自制的内容也是公关的入口，可以与利益相关者产生连接，也可以是雇主与员工的连接，通过内容完成要素整合。

舒尔茨认为品牌关系需要建立在持续对话和推、拉式传播的基础上，品牌主和消费者在这个价值共创中实现互惠。随着互联网新媒体时代的到来，信息碎片化、信息爆炸带来的新的信息环境给品牌与消费者关系的建构环境也带来了改变，传统的推式传播应转换为拉式传播，即要通过有吸引力的内容吸引消费者的注意力，并持续对话以维护品牌与消费者之间的关系。

对于品牌方而言，IP 不仅在整个品牌营销传播中居于重要地位，成为品牌感知、品牌体验、品牌认同、品牌联合的核心要素，能通过粉丝迁移为品

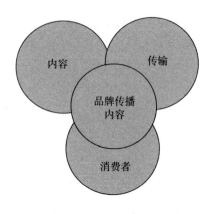

图 7-2　品牌整合传播模型

资料来源：唐 E. 舒尔茨等 . 重塑消费者——品牌关系［M］. 沈虹，郭嘉等，译. 北京：机械工业出版社，2015：29.

牌创造溢价红利。同时，IP 在重构品牌方的组织生态，有的作为跨界限沟通要素在整个组织中处于聚合点和枢纽地位。

二、媒体方以 IP 为核心探索数字内容营销传播生态体系

媒体方围绕 IP 进行布局，共同打造数字内容营销传播生态。部分具有前瞻意识的传统媒体方，开始积极围绕 IP 进行布局，整合数字内容资源，创立以 IP 为核心的数字内容营销传播生态圈，并以此为聚合点不断开拓营销传播体系，与广告主一起共同打造以内容和用户为核心的生态体系。例如，湖南卫视提出"芒果大生态系统"的概念（见图 7-3），将湖南卫视、芒果 TV、芒果互娱、快乐购以及台外的资源纳入进来，建立一个以内容分发和用户流转为核心的营销传播体系，通过内容吸纳品牌方加入芒果生态体系，实现传播效果最大化。

同时，传统媒体通过台网联动等方式积极融入新媒体主导的生态体系。台网联动的核心逻辑是基于 IP 影响力变现，建立"内容、用户、平台、品牌"之间的同步流转机制，平台方帮助内容招商，并按照流量给内容版权方

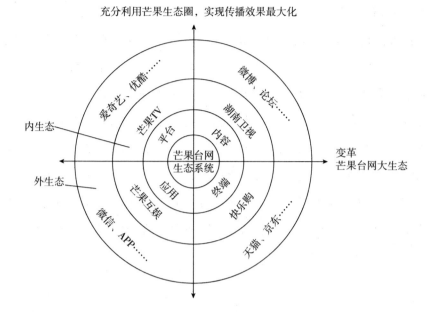

图7-3 芒果台网生态系统

资料来源：《湖南卫视价值评估报告》。

分成，这与传统电视台的招商不同，更加灵活和公平，建立了以 IP 为核心的平台与内容、品牌的多方共生共赢生态。

三、内容平台方以 IP 为核心构建品牌共同体

在内容平台上，IP 已成为整个平台架构和营销传播模式的核心和主导，呈现出以 IP 为核心进行生态布局的发展趋势，以爱奇艺、腾讯视频和优酷等平台方为代表的内容平台，兼具内容发布方、生产方、变现方、运营方等多种角色，推动以 IP 为核心的战略，向生态型企业发展。内容平台方正积极与品牌方一起，开拓以数字内容为核心的数字内容营销传播生态体系，聚合品牌、内容、粉丝资源，共创价值。

以爱奇艺为例，2017 年，爱奇艺在深度开发 IP 营销价值的基础上提出了"一核五弹"的 IP 全产业营销模型，即以 IP 内容为启动内核，联动 IP 软

植入、IP 衍生、IP 跨界、O2O 兴趣流、IN 广告五大营销方法论集群，全面整合优质行业资源，推动商业价值裂变。2018 年，爱奇艺以"IP 价值观感染营销"为定位，通过 IP 价值观输出获得个人认同、形成个人价值观，通过价值观感染确立内容和商业共生的基础框架，以 IP 价值观聚合品牌主，让内容与品牌产生价值观层面的共鸣，借助爱奇艺的营销生态，实现 IP 衍生营销、粉丝经济、IP 文化、广告美学等全面升级，催生更大的营销势能，打造立足于 IP 全产业链的新生代数字内容营销传播版图。爱奇艺将平台愿景描述为"以科技创新为驱动的娱乐公司"，结合数字内容的生产、分发和衍生为品牌主提供营销传播解决方案，通过布局全产业链，在数字内容生态系统中起到重要的聚合作用（见图 7-4）。

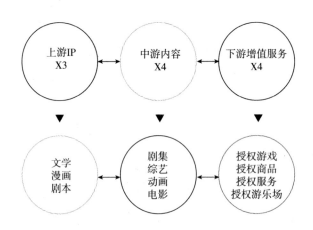

图 7-4　爱奇艺 IP 开发全产业链

资料来源：笔者根据调研资料绘制。

通过业界调研和案例研究发现，目前平台方正与品牌主一起建构以数字内容为核心的品牌共生体系，开展生态化运营。这一趋势在新的电商平台和内容平台方两大领域表现得尤为明显，但在长久性和持续性上尚待完善。例如，家电行业的电商服务商百诚网络联合了西门子电器、方太洗衣机、乐视、美的空调，通过视频短片《鲜的不一样》，用情侣相处的生活场景传递情感，加深用户对品牌的认知和记忆。故事通过虚拟的人格化叙事主体"百诚先生"展开，"百诚先生"是一个30多岁、思想成熟、有家庭、值得信赖并对家电产品非常了解的男性形象。百诚虽然在多品牌共生中做出了有益尝试，如在网上开通了"百诚先生"的微博和微信官方账号，但可惜的是，"百诚先生"这一人格化品牌形象未能延续下去，未被作为故事的主角进行持续塑造或结合其他数字内容形式进行传播。很多新兴的互联网内容平台为IP品牌进行营销传播策划，借力IP品牌为平台品牌增值，如"蜻蜓FM"策划了《艳遇图书馆》，以许知远为IP，策划制作了52期付费音频节目，其宣传、制作、推广都是蜻蜓FM为这个IP定制而成的，围绕这个IP打造全产业链，围绕城市、音乐、文学等内容为听众提供文艺栖息地，通过"邂逅52座城、52本书、52位男人与女人"等话题设计，通过内容联结将粉丝组建成专属社群。这个IP品牌为平台带来了较大的用户增长，用户在IP内容的沉浸体验中建立了与平台品牌的黏性关系，增强了对平台品牌的忠诚度。

IP的力量值得我们重新审视，除了它在情感沟通中的中介力量、粉丝迁移的引导力量之外，我们更应该看到它在组织架构、营销模式、品牌合作上发挥的重要凝聚和黏合作用。品牌主也在日趋理性地看待IP的作用，不仅是借用IP提高品牌声量，而且在更多的维度进行拓展，如借用IP丰富产品品类、拓展品牌价值等。

第二节　内容融合进化为产业生态融合

一、品牌主在数字内容营销传播中掌控多方主动权

（一）品牌主介入并主导内容生产权

技术的革新重新分配了生产关系，数字内容的生产权和发布权被重新分

配，品牌主在这个变革中不断进化，表现在对营销传播主动权的多方掌控上。在数字内容生产权上，品牌主的介入越来越多并日趋起到主导作用，"广告需求的内容在不断发生着变化，移动互联网时代广告主需求呈现快速、去层级化等新特点，广告主直接操刀营销传播的现象日益增多就是例证。广告公司在未来的生存与发展，取决于其能否提供满足新需求的新型服务内容与产品，取决于其能否建立平层化的广告服务流程与结构，取决于其能否建立衔接广告主新需求与新媒介资源的新型服务模式"。① 近两年出现的有影响力的品牌营销传播的现象级案例，有的来自创意公司，有的直接来自品牌的市场部，很多互联网品牌主的爆款案例，甚至创意和执行都直接从市场部完成。在当前的营销传播环境下，品牌主越来越重视内容营销的价值和意义，出于效率和可控性等因素的考虑，开始尝试自己创作品牌传播内容。生态圈中内容与广告的边界日渐模糊，所有可以传播的内容都将成为对品牌有贡献的、有价值的信息。这些现象也在改变着一些公司的品牌管理架构和内容生产模式，很多公司专门设置内容营销部门、IP 部门等，为品牌提供直接的品牌数字内容营销传播的策划。不仅如此，IP 部门还作为品牌管理中的核心，左右着整个品牌管理甚至是营销模式。

以京东的 IP 为例，京东设有专门的 IP 部门，该部门在五年内进行了一系列的品牌 IP 化尝试。其 IP 形象 JOY 的视觉标识于 2013 年正式发布，这是京东集团图形标识的重要组成部分，IP 部门通过讲述 JOY 这个 IP 的故事来塑造京东的形象。2017 年，随着品牌从 3C 数码到全品类平台的转型，为了符合时尚化的战略思想和更年轻的审美认同感，京东对其 JOY 的形象进行了修改，使其 IP 形象更亲民、更圆润。自 2017 年起，京东的 JOY 正式成为一个独立的 IP 形象，其发展策略是形象化、自主化、多元化，通过京东 JOY 的形象，传递忠诚、善良的品牌内涵，内部 IP 部门围绕 JOY 策划了一系列数字

---

① 丁俊杰. 广告公司的前生与来世［J］. 中国广告，2017（9）：92-93.

内容营销传播活动，包括《JOY 与鹭》①、2017 年的《变形金刚——红的任务》、2018 的变形金刚京东定制款红骑士、京东与 LineFriends 的联名合作等，还通过短视频、IP 视觉延展线下曝光、跨界网红熊快闪、与草间弥生等艺术与时尚 IP 合作等为品牌创造营销传播热点。笔者调研了京东《JOY 与鹭》的制作公司 180. ai，他们表示，该作品更多是京东品牌方的想法，制作方给出建议，帮助完善并制作完成。这部以品牌 IP 为主角的大电影，不同于传统的广告片，是 2018 年狗年的贺岁动画电影，如同电影一样有海报、片头和片尾，该内容在线上和线下进行投放，通过衍生品传达京东品牌故事、传递品牌价值、引发情感共鸣，通过动画卡通形象将京东 IP 人格化，形成情感和价值观层面的感染力，辐射人群共计 1 亿多人次，推出衍生品近千款，作品在国内外获奖无数，总曝光量达 11. 37 亿，Shots News、Best Ads、Campaign Asia、Branding in Asia、CGMeetup 等外媒自发关注和报道了这次传播活动，作品在 YouTube 网站上累计观看超 26 万次，同时在 Facebook、Twitter 等社交平台形成了现象级的自传播，这部作品的动画制作费用近 1000 万元，但自传播为京东品牌带来了高回报的传播效果。

同样，笔者在苏宁品牌部调研时了解到，苏宁的 IP "苏格拉宁" 是其品牌营销传播中的年度规划核心。2019 年，苏宁针对苏格拉宁开展娱乐化 IP 运营（综艺节目、明星互动、娱乐化事件、短视频）、IP 开放授权（产品包装授权、智能硬件开发、极物周边开发、主题店授权）、精细化内容制作（动画片上线、"全民星大狮"、"深夜狮堂"、"超燃联盟"）、IP 跨界联盟（品牌联合营销、IP 深度合作、潮牌合作品牌年轻化、音乐、游戏、视频跨界）等系列品牌 IP 开发项目。在线下，苏宁提出无论一平方米还是一千平方米都是用户体验场景，有场景就有苏格拉宁。

---

① 2018 年 2 月 8 日，京东在狗年推出了《JOY 与鹭》，通过动画片传递信任，共享价值，获得了 2018 中国广告影片金狮奖、ADStar 釜山国际广告、2018 大中华区艾菲奖、2018 ECI Awards 艾奇奖、ONE SHOW 等多个大奖。

类似京东、苏宁这样的甲方，更多是作为内容主导方，掌控内容创造的方向。在传统的广告代理流程中，从策划到执行的每一个环节都有相应的机构和公司，需要沟通和制作周期。这个节奏和流程在自媒体时代被打破，在数字营销新语境下，内容生产和发布的门槛降低，传统的路径被颠覆，越来越多的甲方根据品牌定位与调性自行策划、制作，流程和周期被大大缩减。而且在品牌战略制定时，有的品牌主以 IP 为核心的数字内容营销传播战略较为明确，在内容创作生产中，发挥主导权和自主性，并运用自媒体生产内容传播品牌价值主张，出于自我调性的认知和把控，更多的品牌主成为内容策划者、生产者、运营者，不断探索数字内容营销传播新路径，主动突破边界为品牌争取更多的可能。例如，红牛、耐克等品牌很早便创立了社会化媒体营销团队；百事可乐也早在 2016 年便成立创意工作室，从事音乐专辑、电视剧、电影、综艺等营销内容的策划和制作；可口可乐公司专门成立"北美社交中心"来管理品牌社交营销事务。品牌主熟悉自有品牌、产品，加上与消费者直接的互动和一手的社交、销售数据，都为其通过数字内容融合产品、服务、情感、场景、文化、价值观等提供了便利，优质内容成为沟通元，数字内容渠道成为沟通链，让品牌主日渐赢得在数字语境下开展内容生产和传播的主导权。2018 年，宝洁作为跨国品牌主，在连续降低广告预算后，宣布成立了自己的广告公司，这是对传统 AOR 代理公司模式的一次巨大挑战，全新的广告代理模式带来了人才模式、费用结算、媒介模式的改变，在媒介模式上，媒介策划、媒介购买都由公司内部团队来负责，展现出了甲方乙方化的端倪。

（二）品牌主导内容分发权

大型互联网内容平台的崛起，为品牌主提供了更为集约的内容分发渠道，大数据时代的智能分发算法可以精准识别目标消费群体、定向制作和推送内容，掌握内容资源的平台方直接为品牌主在内容分发上提供数据分析和智能分发服务，通过为品牌主提供更加整合的服务项目来共谋品牌发展，这为品牌主导内容分发权提供了先决条件。2017 年，全球的互联网广告份额首次超过了电视，互联网尤其是移动互联网已成为核心的广告媒介。2019 年上半年，"字节跳动、阿里、腾讯的广告收入持续上涨，加上百度，四家广告收入基本超过剩下的所有广告公司，从财务报表上看，四个科技企业其实都是大型广告公司"①。互联网端的广告媒介投放日趋呈现去中心化和去中介化的趋势，品牌主可以直接掌握内容分发的主动权，如越来越多的品牌主越过代理方，直接对接优酷、爱奇艺、乐视等平台方，既可以节省预算又可与平台方高效无缝对接，节约了沟通成本。在数字营销语境下，品牌方突破了信息不对称的藩篱，在内容分发的具体操作过程中，品牌主拥有更多的自媒体资源可供选择。

各领域的 MCN 机构②的出现，为品牌主提供了媒体集群、组合集约的营销传播渠道。本土 MCN 机构采用的是"多平台分发内容"的模式，通过 IP 矩阵、多平台分发展现出较强的商业变现能力。本土 MCN 是自媒体抱团的产物，2016 年，各种类型的 MCN 机构在我国开始兴起，成为众多自媒体的聚集地，根据克劳锐的统计数据："截止到 2018 年 12 月，MCN 机构数量已经超过 5000 家，目前中国的 MCN 在业态及呈现形式等都早已远超海外。"③

MCN 机构通过内容扶持、网红孵化、自媒体引进培育自身内容资源，为品牌主提供矩阵式、高效率的沟通和合作，带有"内容方、平台方、广告商"三位一体的属性，在品牌数字内容营销传播生态中发挥了重要作用。自媒体大号在发展到一定规模之后转向矩阵式发展、探索 MCN 模式，这些为品牌选择营销传播渠道节省了时间，提高了圈层覆盖率，自媒体通过矩阵化、

①　沈帅波 . 2019 年半年报：中国商业正在发生两个根本变化［Z］. 进击波，2019.

②　MCN 是个舶来词，全称为"Mult Channel Network"，诞生于国外视频网站 YouTube 平台，意为"多频道网络"，MCN 指将该平台下不同类型和内容的优质 PGC 或 UGC 联合起来，从而保证内容的持续产出，最终实现商业变现。

③　短视频的下半场 . 品牌蓝海新招数［EB/OL］. 广告门，（2019 - 08 - 27）［2022 - 04 - 30］. https：//creative. adquan. com/show/287138.

多元化的媒体矩阵把创意内容和媒介结合在一起，为品牌主提供合作接口，可以定制、规模化地产出创意，满足品牌主在新媒体定制、传播效率、多元圈层传播上的需求。自媒体这一媒介已经不同于传统的媒介渠道，其意义在于，在传统媒介时代，品牌主需要通过代理公司生产内容，然后选取适当的媒介组合去投放。在自媒体时代则不同，自媒体自带内容生产和传播的双重能力，每一个自媒体的内容风格和用户画像都千人千面，不能再用批量的始终如一的内容去传播，因而就出现了原生定制的数字营销传播内容。自媒体为品牌主量身定制的数字营销传播内容一般是单次投放，传播效果通常是可以准确评估的，也是品效合一的，以较高的转化率吸引越来越多的品牌主与他们主动合作。日趋多样化的品牌主需求是多样的渠道、多样的垂直细分渠道、多样的圈层带来的，品牌主从原来的"策划内容，再选渠道去传播"，变为策划"选择合适的渠道生产和传播内容"，这一变化影响了数字广告创意、创作及其投放流程。

（三）从顶层设计主导虚拟世界到现实世界的引领权

跨媒介叙事是国外影视等娱乐产业领域的一个较成熟的理论框架，正在被作为方法论应用到品牌数字内容营销传播中，国外很多品牌很早便开始了这方面的探索，也与一些专业的跨媒介叙事架构咨询公司合作，为品牌叙事提供架构宏大、角色清晰又极具叙事延展性的故事世界，并通过这个 IP 延展数字内容产业布局，从文创产品到动漫影视再到主题乐园，进行全产业链的布局和延伸。在国内，"三只松鼠"这个品牌通过角色和故事建构系统开展了品牌数字内容营销传播，作为知名零食品牌，以"松鼠小美、松鼠小贱、松鼠小帅"为 IP，打造一个虚拟的故事世界，先后推出五个系列动画片、两部漫画和一部童话故事绘本、动漫《三只松鼠之松鼠小镇》、跨次元与洛天依合作广告主题曲《好吃歌》、游戏《三只松鼠——坚果大战》、H5 等，在线下正在打造一个集文创、旅游、娱乐、消费等诸多产业为一体的综合主题商业乐园。品牌的数字内容营销传播体系可以通过角色和故事世界的建构完成,将粉丝从虚拟引向现实,国外多年前已经开始了这样的探索,反观国内,很多品牌的数字内容营销传播还处在无体系的层面,在跨媒介叙事上仍停留在内容层面争夺用户的注意力资源,甚至只能博取有限的热度而不能持久发力,缺乏故事架构和故事延展意识,这也导致很多品牌的营销传播项目没有形成很好的声量和合力,造成传播成本的浪费,长此以往将会损害到数字内容产业的发展动力,对品牌方、内容方以及平台方不利,只有遵循、借鉴数字内容产业运作的规律和法则,通过跨媒介叙事理论为品牌的传播厘清思路,才能实现整个生态的良性发展。

二、广告代理公司参与建构数字内容营销传播生态圈

作为内容供应链上的一环,面对消费者和品牌主的娱乐需求,广告公司的业务和服务理念正在进行调整,一方面广告公司通过整合多领域的数字内容资源,为品牌方搭建整合服务平台,在数字内容生态中谋求更多发展空间;另一方面,广告公司在内容生产制作上调整营销传播理念,与新兴的数字内容营销传播公司或平台方、自媒体等共同探索实践。有的广告公司开始尝试打开边界,除了服务甲方外,创立自媒体平台聚合粉丝,生产创意周边产品,呈现出乙方甲方化的特征,生产数字内容并用内容产生聚合,共建品牌数字内容营销传播生态圈。

(一)整合数字内容营销传播资源深耕营销传播体系

数字内容营销传播在各方发力下,正在形成一个新生态,在品牌与明星合作模式上不再只有过去传统的代言与被代言关系,还出现了明星合伙人、内容联合创作者等新形式。在两个品牌的合作上也呈现出行业多样、合作业态多样的特性。数字内容资源呈现出媒介、形式的双重多样性和国际化趋势,广告代理公司亦在紧跟数字内容营销传播趋势,整合各方平台资源,为品牌客户提供战略谋划和资源组合服务,今后的广告代理公司将不仅是广告服务代理者、营销内容生产者,而且要从源头上成为跨组织的协调者、跨媒介的合作者和跨市场的协调者。

随着 IP 品牌价值和数字内容营销传播产业链的日渐成熟，根据品牌特质筛选适当的内容资源，整合数字内容衍生资源，通过跨媒介叙事展开深度体系化营销，通过一体化共生与品牌共创价值，为品牌做好数字内容营销传播战略管理，将成为整个行业的致力方向。

作为沟通整合者的广告代理公司，可以作为品牌战略制定者，创造性地提供沟通解决方案，尤其是在挖掘沟通主题和视觉形象呈现方面，为品牌主提供专业建议。广告代理公司与咨询公司、创意热店、公关公司、媒体合作，共同参与数字广告创意、衍生品开发等，通过数字内容的跨媒介叙事，在数字内容制作、传播、衍生品打造、发行、线下活动整合等一系列数字内容产业一体化经营中，将创意价值最大化，不仅为品牌缔造娱乐资产，也形成产业链条，让内容、媒体、平台在知识产权的保护下，在粉丝的情绪迁移中完成价值共创。

（二）助力品牌主数字内容营销传播战略积蓄品牌资产

实施数字内容营销传播战略和策略须因地制宜、因人而异，广告代理公司应与品牌主商定，并通过前期科学评估和品牌资产审计，确定品牌数字内容营销传播战略。一旦与品牌主确定了数字内容营销传播战略，就应当从宏观层面到执行层面为客户进行全面的品牌数字内容营销传播规划和部署。广告代理公司首先要了解数字内容产业的各个领域，并能结合代理客户的需求和特性进行设计，尤其是在顶层设计上能为品牌进行叙事角色和叙事架构的规划和设计，这个服务是定制的、长久的、全面的，布局时既要考虑到虚拟世界的建构，又要考虑到现实世界的互通，既要考虑到叙事角色和叙事方式，又要考虑到协调性和统一性，通过故事让消费者从不同的媒体了解不同的故事，全维度接触感知品牌后产生黏性，借此形成较为稳固的品牌关系。

在具体策略层面，广告代理公司可以为品牌塑造 IP，也可与专业的电影故事建构的公司合作，为品牌梳理出较为全面的故事世界，围绕 IP 角色建构故事世界，然后分步骤、分主题地产出与消费者关联强、黏度高的内容，通过内容塑造鲜明的品牌形象，吸附粉丝延伸品牌价值。品牌 IP 通常需要较为长远的战略筹划，广告代理公司要协助客户将这个 IP 作为长期的品牌资产来运营，通过 IP 的核心品牌价值感染品牌消费者圈层，并与其他品牌开展跨界合作，将持续产出的数字内容打造成属于该品牌的独一无二的、可识别的、具有情感链接的品牌娱乐资产。

（三）创意热店和第三方尝试突破边界

创意热店成为诸多品牌开展数字内容营销传播业务时的首选服务方，因为这些强调创意的代理公司策划制作的作品创意佳、声量大、获奖多，在数字内容生态中发挥着重要的创意导向作用，很多现象级的传播案例都是出自这类公司，在金瞳奖和金成奖的获奖名单上，创意热店创作的内容占据了半壁江山。创意热店的创始人大多有在 4A 广告公司工作经验，他们深谙 4A 广告公司运营之道又深知当下 4A 广告公司面临的困境和挑战，他们常以创意人自称，如 W、环时互动、意类公司、天与空等，这些公司都倡导极致的创意梦想，创意作品是他们的追求。创意热店渴望与客户实现价值的双向提升，抱有共生的初衷和愿景，他们渴望通过有创意的内容作品积累创意热店的品牌声誉，实现与客户品牌的双赢。他们在创意内容生产时，强调要有独立思想："面对客户，我们要有异于客户的独立思想；面对市场，我们要有高于市场的独立洞见；面对经验，我们要有颠覆经验的独立勇气；面对利益，我们要有利益之外的独立追求。总之一句话：坚持真理！就是坚持创意精神。"①

在过去，创意精神在资本和商业运作中受到约束，在新的数字内容营销传播生态下，这种创意精神又获得了前所未有的成长生态和发力空间，创意的价值被前所未有地认可，这里的创意不再是传统广告中的创意，创意作为内容创新和产业赋能的重要载具，正在经由数字内容产业在数字经济的各个领域发挥作用。天与空创始人杨烨炘认为，真正有创意的内容可以帮助品牌

---

① 杨烨炘. 改变传统模式的十种革命［J］. 声屏世界·广告人，2015（4）：46-47.

与消费者建立好的关系，创意精神理应回归。这些创意热店一起创立了中国独立创意联盟，秉持以创意为第一追求的独立精神，意图代表中国在国际上发出声音，并保持行业协作和资源共享，共同教育市场与客户重视创意，推进中国创意行业的发展。创意热店在数字内容生产端持续发力的同时，传统广告公司竞相设立数字内容相关业务，出现了很多新兴的专做数字内容营销传播业务的公司。研究发现，部分传统广告公司在原有基础上成立项目组或业务部，整合成立新的数字内容事业群，如宣亚国际将旗下娱乐及娱乐营销业务整合为全新事业群"宣亚娱乐"，在"娱乐+"核心策略指导下构建起数字内容投资制作、品牌数字内容营销传播和整合营销传播多位一体的业务模式。有些新兴数字内容公司，则聚焦于网红经济和新创品牌 IP 孵化，如北京的红人秀、南京的蜜桃之星等公司。笔者在调研中发现，这些公司虽然都比较年轻，刚成立两三年，但却因为数字内容业务的新颖定位吸引了资方关注，融资数百万元，业务量激增，正在迅速扩张。

数字内容营销传播生态的变化带来了广告代理公司之间关系的变化，代理公司彼此间可能并非是之前的竞争关系，可能成为内容传播途径上的上下游伙伴，它们因为 IP 联系在一起。有的公司可以作为上游提供品牌客户资源和内容资源，有的可以作为下游与媒体平台与广告公司合作，或与广告主进行内容合作，成为持续的内容供应商。共生共赢成为行业关系的新法则和合作新模式，而这些与为客户创造价值并不冲突，各方通力合作，共同为品牌主创造最大价值。有的内容平台或广告公司开始突破边界，开始了乙方甲方化的探索。例如内容平台"一条"①，通过每天一条短视频创造了上线 15 天粉丝过千万的纪录，在粉丝流量稳定的基础上，内容平台开始探索盈利新模式。2016 年 5 月，一条电商上线，2018 年 9 月，三家一条生活馆在上海开业。目前，一条已在上海、南京、杭州、重庆等城市开设多家实体店。"一

---

① "一条"是 2014 年由《外滩画报》的前总编徐沪生和前副总编张晴等传统媒体人创立的短视频平台。

条"已经成为一家集内容制作和分发平台、电商、线下店于一体的新品牌，而这种属性，围绕的是日用之美倡导者的品牌内涵，内容选择的是美好的生活方式，依靠美的属性聚集粉丝，并完成了从内容到商品、从线上到线下的迁移。再如上海的 W 广告公司，跳出传统观念中的乙方定位，开潮店、研发衍生品、做电台、做杂志、做节目、创造超媒体计划。又如，"日食记"作为自媒体在内容平台爆红后，通过开微店、卖厨具、卖食材等打造自有品牌，开展传统甲方范畴的业务。这些新的现象让我们看到，传统的甲方乙方的边界日渐模糊，新兴的公司集合了媒体、内容生产、品牌、新零售、电商等多种属性于一体，已经无法再定义传统的甲方和乙方，在 IP 的互联下，在数字内容的产业链条中，它们都成为共生共荣的品牌生态圈中的一环。

（四）整合 KOL 资源和粉丝社群为品牌创造价值

很多品牌主和代理公司都认识到网络达人的营销价值，开始组合使用不同层级的 KOL 资源，如何选用网红和明星的组合资源成为数字内容营销传播中非常重要的课题。网红资源由于具有粉丝价值和高转化率，受到国内外大品牌的青睐，明星可以提升品牌知名度，而网红能提升互动性，对网红资源进行差异化的组合使用，将为品牌提供品效合一的传播效果。拥有百万甚至上千万粉丝的网红博主成为诸多大品牌竞相合作的对象，品牌方根据网红人设和粉丝定位选择合作对象，而这些网络达人在与品牌合作时有的并非代言人，也并非简单的带货模式，而是进行原生内容定制并且给粉丝提供优惠等利益，更如同个人品牌与商业品牌的合作。双方是一次性的合作还是永久的代言，是网络代言还是官方传统代言，是浅层合作还是深度合作，是短期内容营销还是长期合作战略、产品定制等，这些都需要以品牌调性和网红调性的匹配度评估为基础。

三、数字内容大数据行业迅猛发展为粉丝经济确权

（一）数字内容大数据平台兴起令数字内容营销传播有据可依

数字内容大数据指影视、游戏、动漫、文学、图书、网生内容等细分市

场的大数据应用，是众多细分市场中应用最普遍且潜力最大的领域之一，数字内容产业是中国大数据产业的重要数据来源和应用领域。数字内容产业能够不断地产生并获得新的数据源，如何有效利用大数据掌握消费者需求和偏好从而提供更符合目标人群的商品和服务是一个新课题，通过大数据辅助数字内容的生产和传播已经成为一种趋势。有的公司开始建立数字内容资源库，从不同维度甄选内容数据筛选优质 IP 品牌，并以分析受众、描绘受众群体画像、勾勒受众的行为曲线、提供内容精细运营、优化品牌衍生等各方面的数据作为支撑，增强内容传播力。

数字内容产业正依靠大数据行业的推动加速前行，同时数字内容产业的繁荣发展带动了大数据行业的向前发展。通过业界调研发现，目前数字内容大数据平台主要分为四类：第一类是以影视内容市场价值的数据挖掘为主营业务的大数据平台，"艺恩""纬岭数据"（Vlink）等公司是这种类型数字内容大数据平台的代表，主要围绕语义分析、存储计算、数据挖掘、机器学习等核心技术，构建行业算法模型与标签库，用数据分析平台产品、洞察用户、形成解决方案，为数字内容产业链利益相关方提供精准营销等产品或服务。第二类是挖掘明星消费价值的数据平台，以第一财经商业数据中心的"星数"为代表，该服务基于阿里数据制定明星消费影响力指数，综合衡量明星消费价值。第三类是兼顾品牌方和内容方的数据评估平台，以"精硕科技"（AdMaster）为代表，用赞助评估模型 SEI、代言人选择评估模型及 KOL 遴选系统等工具为品牌提供粉丝、社交、搜索和调研数据。通过定期推出节目内容与品牌合作的前期预测和后期评估报告，为许多品牌方、内容平台方提供第三方数据服务，确保营销投资收益最大化。例如，可以利用模型对《都挺好》的剧目表现、观看率、喜爱度、社交声量、受众人群、品牌赞助效果进行全面分析，尤其在品牌赞助效果上，可以从品牌回想度、品牌赞助评估指数等维度进行比对分析和点评，提供兼顾内容、品牌的双向效果评估和测量数据。第四类是专注自媒体价值排行和版权经济管理机构，以自媒体领域的大数据为基础,提供自媒体价值评估、全产业链开发、商业价值变现和版权管理等服务。以"克劳锐"为代表,该公司通过采集微博、微信、今日头条、秒拍、优酷等平台数据,评估自媒体的商业价值,为广告主、投资人以及行业分析师的决策提供重要参考。很多内容平台有自己的大数据系统,为品牌方营销传播提供服务,确保更有价值的投放,如"今日头条"平台是依照大数据的智能算法和程序化投放,这样能够提升投放效率。这类大数据平台通过简单的人群定向进行冷启动和放开定向交由算法模型持续优化,与品牌主在智能算法下共建内容。

总体来看,数据平台方多围绕内容资源价值评估,对于营销效果的评估仅仅停留在内容的收视率、流量、票房、关注度等指标上,缺乏基于品牌主视角的投放效果评估,尤其缺乏品牌与内容匹配度测量、共生效果测量的评估模型。笔者在研究数字文本库中的品牌主与内容方、平台方合作的结案报告或平台方的招商手册后发现,营销传播效果评估多从内容本身的流量效果来评价,很少纳入品牌方的品牌营销传播效果测量,有的只是从百度指数、微信指数、微博等平台上的热度、流量等维度进行测量,并未有更加全面的品牌传播效果测量方法的研发和使用,在与内容双方的共生效果的评估上,缺少共生维度的测评指标和模型。这说明在业界的操作中,前期价值评估为品牌方提供了多项服务,但在后期的营销效果评估上,尚有较多可开发的空间。

(二)数字内容产业区块链项目优化粉丝经济价值链

粉丝经济是数字内容营销传播的基础,那么为粉丝经济确权就尤为重要。在大数据时代,关于其价值评估有了更多的服务机构,诸多相关的区块链项目也应运而生。例如,将粉丝经济与区块链相结合的FansTime,凝聚了全球明星资源,通过明星社区打造粉丝价值链,并且设有知名IP的时间交易平台、碎片化IP权益的商城交易平台,通过将个人IP价值产品化和资产化,打通更多生态合作方,优化粉丝经济生态。其他数字内容区块链项目主要有好莱坞链、影链、星节点（Node All-Star）等（见图7-5）。星节点通过数据评估粉丝的贡献和价值，为粉丝确权，把粉丝的态度和意见作为无形资产转移到区块链上，以实际经济价值奖励给生态参与者，数据将被永久存储并且确保数据可溯源、透明、不可篡改。

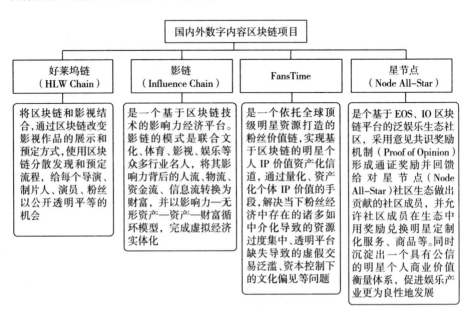

图7-5 国内外数字内容区块链项目

资料来源：笔者绘制。

在区块链技术推动下，数字内容产业的生产关系正在发生改变，粉丝从传统的消费主体变成了数字内容产业的生产者，生产力得到明确的价值确定，能够收获实际的经济回报，大大提高了粉丝的参与度和生产能力。区块链技术将粉丝对明星的态度和意见通过数据化确权，粉丝从被动的消费者和使用者变为数据的生产者和贡献者。

多样的第三方数据平台的出现为品牌提供了更有公信力的数字内容商业价值衡量体系，在为粉丝经济确权的同时也可以让整个生态朝着客观、良性的方向发展，避免因一些干扰因素影响参与主体的预判决策，为各方提供相对客观的数据参考。健康数据为品牌主选择共生 IP 品牌提供了依据，确保品牌主在避免流量陷阱的前提下准确筛选匹配内容，制定性价比较高的营销传播策略，为品牌、内容、粉丝、明星、IP 的商业价值提供评估工具，尤其是对粉丝生产力和内容价值的确权令数字内容营销传播有据可依。

（三）元宇宙概念下各界擘画数字内容新图景

2021 年，在扩展现实（Extended Reality，XR）、区块链、云计算、数字孪生等技术的迭代演进下，元宇宙（Metaverse）概念开始兴起，现实世界和虚拟世界映射交互的新的数字生活空间成为各界争相讨论的未来图景。对现实世界的虚拟化、数字化需要重新构建新的数字内容体系，能提供沉浸式体验的虚实交错的数字内容将成为连接现实世界与虚拟世界的重要基础设施，元宇宙为数字内容提供了全新的平台，将引发数字内容生产的新模式，加速产业变革，也会大大拓展传统文化产业的产业链，为品牌的数字营销提供了可能，因此很多企业竞相使用元宇宙的概念进行数字内容的营销。以蒙牛的元宇宙营销案例为例，2021 年，一家名为 ODin META 的元宇宙平台上推出了蒙牛的数字藏品，名为"三只小牛·睡眠自由 BOX"，限量 2000 个，每个数字藏品定价 90 元，短时间内便销售一空。此外，ODin META 公司与蒙牛合作的 ODin 三国元开放世界，提供了一个以三国时期为背景的模拟世界，在这里用户可以构建身份、形象、空间、道具，同时可以重塑社交关系。接着蒙牛还推出了专属于自己的元宇宙——蒙牛 Land。品牌主借助在元宇宙搭建的消费和娱乐场景链接线上和线下场景，汽车品类的品牌主更是利用智能化的特性探索元宇宙的数字内容营销传播的新可能，如宝马搭建了元宇宙世界 JOYROPIA、现代汽车在 Roblox 平台推出游戏"Hyundai Mobility Adventure"等。

2021 年被称为"元宇宙元年"，如果说元宇宙尚处于讨论和想象阶段，那么同年的 NFT 则开始上线进行实质性的市场运营，该年也被称为"NFT 元年"。NFT（Non-fungible Token，非同质化代币）通过区块链技术为数字内容进行确权，是一种新的原生数字资产所有权的方式，使数字资产的交易流通成为可能，通过加密文件，购买者对于数码产品的购买在区块链记录上具有永久性，明确了数字产品所有权。

"创作者可通过在智能合约中使用 NFT 证明视频、图像等数字资产的所有权，是数字资产真实性的可靠证明。"[①]

在这一技术的驱动下数字内容市场开始步入数字艺术与数字版权发展的新阶段，通过诸多价值不菲的拍卖，更多人认识了数字内容的所有权并加入进来。美国数码艺术家 Beeple［原名迈克·温克尔曼（Mike Winkelmann）］将其从 2007 年 5 月 1 日至 2021 年 2 月 21 日的数码绘画作品集结成一张巨型数码拼贴作品《每天：最初的 5000 天》（*Everdays：The First 5000 Days*）以 NFT 的形式发布。2021 年 3 月，该作品在佳士得拍卖中拍出了 6930 万美元，购买者 MetaKovan 认为该作品代表了 13 年的日常，是无法用数字破解的，时间属性是其价值所在，肯定了 NFT 这一新的数字艺术内容全新媒介的价值。同年 12 月，加密艺术家 Pak 的作品 *Merge* 交易额高达 9200 万美元。但是，目前关于数字货币和 NFT 等技术的发展还存在一些风险，尤其是价值评估体系和授权体系并不规范，尤其在艺术价值上尚存在争议，同时也存在能源消耗的生态隐忧，但确实因为其自带的产业属性，由此开始了新的数字内容的确权之路，引发更多的资本、艺术家、研究人员参与到数字内容价值的实践和讨论中。

国内企业借鉴 NFT 模式利用区块链技术对于资产数字化、所有权等方面的作用，在本土化、合规化原则下探索我国 NFT 数字内容发展之路，如阿里拍卖于"520 拍卖节"推出 NFT 数字艺术专场，"蚂蚁链粉丝粒"推出"敦煌飞天"和"九色鹿"付款码皮肤，腾讯幻核推出访谈节目《十三邀》的数字收藏 NFT。

NFT 具有可验证性、透明性、可访问性、有效性、不可篡改性、可交易

---

① 解学芳，徐丹红．NFT 艺术生态链拓展与数字治理：基于参与式艺术视角［J］．南京社会科学，2022（6）：154-163.

性六大特点。NFT 具有四大核心价值：一是 NFT 推动数字内容资产化，即 NFT 拓宽了数字资产的边界；二是可以保证数字资产的唯一性、真实性和永久性；三是可以提高数字资产的交易流动性；四是刺激创作者经济的持续发展。①

在数字内容的营销传播上，也有很多品牌利用 NFT 的概念与消费者进行沟通，如蒙牛特仑苏发布特仑苏沙漠绿洲系列限量数字藏品 NFT，用数字化内容提升消费者对于品牌智慧化、数字化、前沿性的联想，提升品牌价值。

品牌主探索使用数字藏品开展新的营销探索（见表7-1），品牌主在虚拟的元宇宙中可以借助新的数字内容营销传播获得更多的机会。例如，奢侈品品牌推出限量版 NFT 等，在虚拟世界中通过 NFT 数字资产的独特性和稀缺性，一方面增强消费者对于品牌数字内容衍生品的消费渴望和满足；另一方面借由数字内容资产传播品牌文化、设计理念等，维护品牌与消费者的关系。

表 7-1 品牌数字藏品营销案例

类别	品牌	数字藏品营销
奢侈品	LV	推出基于 NFT 的游戏应用程序 "Louis：The Game" 庆祝创始人生日，跟随 LV 玩偶 Vivienne 的旅程到巴黎、伦敦、北京等地寻找路易威登历史里程碑的 200 张明信片，包括创始人生活的历史和轶事
	Burberry	与游戏平台 MythicalGames 合作，在 "Blankos Block Party" 游戏中推出 "Sharky B" 系列 NFT 商品，包括虚拟形象、NFT 外套、NFT 鞋履等
	GUCCI	推出《Aria, 2020》NFT 数字短片作品，四分钟的短片包含品牌百年的经典设计及文化历史，以 25000 美元成交
汽车	保时捷	外观设计师 Peter Varga 为 "Tayacan Cross Turismo" 和 911 两款经典车型的汽车设计草图，作为 NFT 艺术作品拍卖
	奥迪	A8L60 系列联合艺术家程然，发布 "幻想高速" 为主题的 NFT 数字藏品（5 张 ID 数字影像）

---

① 亿欧智库. NFT 本土化尝试——2022 中国数字藏品行业研究报告［EB/OL］. （2022-06-01）［2022-06-30］. https：//www. iyiou. com/research/20220601997.

续表

类别	品牌	数字藏品营销
餐饮	麦当劳	庆祝进入中国内地市场 31 周年，推出"巨无霸魔方"NFT
	必胜客	推出"像素化披萨"数字藏品，以 0.18 美元的低价拍卖，表达"让每个消费者都买得起比萨"，成为必胜客每周一次的营销活动，每周发布一个新口味的 NFT，目前售价已经高达 9000 美元
	Flyfish Club	以 NFT 的形式给食客提供会员资格
	可口可乐	于国际友谊日（2021 年 7 月 30 日）推出四款感官 NFT，通过慈善拍卖捐赠给国际特殊奥林匹克委员会，旨在"为元宇宙重新想象可口可乐的一些标志性资产，每个 NFT 的灵感都来自于共享的时刻友谊"
	奈雪的茶	"直播+盲盒+潮玩+数字藏品"全套策划，发布数字藏品
	喜力啤酒	在元宇宙平台 Decentraland 推出虚拟啤酒
	伊利	发布"冠军闪耀 2022"数字藏品
电商平台	天猫	"5·18 国际博物馆日"国内外十大博物馆、图书馆旗舰店在天猫推出 20 款文物数字藏品，共 2.5 万件 天猫数字藏品是淘宝天猫数字资产的首发真谛，已与超过 100 个品牌发行超 150 款数字藏品
	京东	"618"启动数字藏品线上销售，首推《颐和仙境·百凤图》数字藏品，京东发布多款数字藏品，有 Gif 动图、3D 立体互动、3D 盲盒等多种数字藏品形式
体育	NBA	美国国家篮球协会 NBA 发布"NBA Top Shot"，提供数字藏品在线市场，球迷可以在这里购买证书或原始剪辑等
家电	美的	"美的 2022 Dr.M 系列"数字藏品头像，免费赠送给用户
服饰	安踏	以冰雪主题发行冬季奥运会纪念版数字藏品

第三节　数字内容营销传播人才的
新需求和人才培养新路径

习近平总书记曾在党的十九大报告中提出"深化产教融合"，也在全国教育大会上强调深化教育改革创新。因而，在数字内容营销传播的冲击下，高校在广告人才的培养和教育上要开拓思路，在产教融合中探索人才培养新模式。

一、数字内容营销传播人才新需求

（一）数字内容营销传播思维下全平台策划与运营能力

数字内容营销传播是基于全产业链的在品牌传播全过程中发力的数字营销路径，营销领域涉及以 IP 为核心的各细分内容领域，行业内对数字内容营销传播人才的需求不再局限于某一单一领域，而要其掌握各领域的内容形式和营销传播特点，对最流行的内容现状和趋势保持了解，能从数字领域出现的新事物中获取传播内容，重要的是能够创新规划，从战略层面为品牌方谋划布局。随着品牌方从更宏观的视角来认识数字内容在品牌战略中的重要性，有的品牌开始聘任并培养品牌内部的首席数字营销官。胜任这一职位需要较为全面的技能：能整体把控品牌数字内容传播战略的制定和执行，精通数字营销领域和内容营销传播领域，能整合品牌资源，管理数字内容，整合媒体渠道，对各媒体渠道的营销活动进行统一管理，确保每一个品牌与消费者的接触点都可管可控。

笔者在数字内容营销传播前期合作价值评估"六力模型"的基础上建构了策划人员在品牌数字内容营销传播 Campaign 思维六问测试模型，该模型分别从品牌营销传播战略、黏合力、专注力、粉丝力、延展力和议价力、抗风险力六个方面，为营销传播人员在实践时提供思维工具。在品牌传播战略层面，须对品牌营销传播的整体目标进行思考，从战略层面思考品牌营销传播内容的故事、角色、世界的建构是否与品牌内核相关联，虚拟的故事世界如何与真实世界配合互动，哪些内容是合乎品牌属性的，通过数字内容营销传播，能否强化品牌理念，能否提升品牌资产，能否促进品牌延伸，这些是围绕品牌传播战略进行的思维测试项目。

笔者从六力模型的六个层面分别提出具体的思维测试模型（见表7-2），为营销人员提供品牌共生内容筛选、前期评估、风险预判等方面的操作路径。

共生内容筛选主要是从黏合力和专注力两个维度，重点从内涵上进行测试。黏合力这一维度的测试要素包括内容与品牌调性、定位及目标受众吻合度、沟通元与品牌价值观匹配度、数字内容的品位内涵及其与品牌的关联情况、数字内容与品牌历史、品牌基因的一脉相承情况等。专注力是指品牌与内容的合作专一性和可持续性。

共生内容前期评估主要可从粉丝力、延展力和议价力等角度进行考察，粉丝力是指考察粉丝情况或可能辐射到的粉丝情况。延展力和议价力是指内容的简洁度、趣味性、裂变可能、叙事策略、传播力、性价比等要素。

风险预判则从抗风险力这一角度去测试，主要从法律和道德两个维度检视可能存在的风险要素。

通过提供以上多维度测试品牌与内容的项目，为营销人员提供宏观战略与执行策略相结合的营销工具。从认知层面把握好品牌数字内容营销的方向，防止方向或路径偏离。

表 7-2　数字内容营销传播 Campaign 思维六问测试

品牌传播战略	◇ 品牌传播整体目标是什么？ ◇ 故事、角色、场景的构建与产品或品牌内核贴合吗？与现实世界该如何互动配合？ ◇ 哪些内容是合乎品牌属性的？ ◇ 能否强化品牌理念？ ◇ 能否提升品牌资产？ ◇ 能否促进品牌延伸？
黏合力	◇ 内容与品牌调性、定位以及目标受众吻合吗？ ◇ 沟通元是否恰当？与品牌价值观匹配吗？ ◇ 数字内容有品位吗？有内涵吗？ ◇ 数字内容有与品牌历史、品牌基因一脉相承吗？
专注力	◇ 品牌合作专一吗？ ◇ 合作可持续吗？
粉丝力	◇ 哪些圈层的粉丝会喜欢？ ◇ 会辐射到其他哪些圈层？

续表

延展力和议价力	◇ 简洁吗？能在碎片化信息中脱颖而出吗？ ◇ 能否启动分享机制？能触发裂变吗？ ◇ 应当如何制定跨媒介叙事策略？ ◇ 可能在哪些场景渠道进行传播，并多次引爆？有趣吗？ ◇ 能引起共鸣吗？ ◇ 性价比高吗？
抗风险力	◇ 有版权等法律风险吗？ ◇ 有道德问题吗？会不会引发抗议抵制等舆论讨伐？

资料来源：笔者绘制。

（二）内容产品导向下的数字内容营销传播运营人才

在数字内容营销传播生态圈模型中，居于核心的是内容生态体系和用户生态体系。那么对于内容产品的生产和运营能力、粉丝的运营能力，是数字内容营销传播人才的核心技能，不管是从内容创作还是与内容合作执行层面，营销传播人员需要具备共生导向下的产品思维，满足市场需求。内容运营是将内容作为产品进行生产和营销传播，营销传播人员对内容产品的运营思维、理念、模式直接关系到传播的基础。在内容产品的生产上，依然是创意为王，但这个创意更多是以传播裂变为效果导向的。在调研中，很多公司围绕内容对创意人才提出了新要求。例如，上海有门互动董事长首席创意官王小塞介绍，他们将内容创意人才分为三类，称其为"有门黄金三角"。他认为，内容是一场"埋梗战役"，不可复制，也充满偶然。内容需要好的创意人才来实现，内容创意人才分为三类：第一类是"破坏者"，即核心创意者，破旧立新，如同狙击手，创作"一招毙命"的核心诉求点。第二类是"秩序者"，因为创意是无逻辑的，需要用逻辑转化为策略。第三类是客服，新时期的客户素质也在与时俱进，因而对客服的要求也更加综合，作为客户和代理方的"连接者"，需要更加整合的沟通能力和服务水平。在内容的营销传播方面，数字内容营销传播人才的运营能力主要表现在 UCG 内容经营与引导、社群或粉丝运营能力、渠道运营、社交媒体运营等方面，部分用人单位对短视频这一细分领域的创作和使用以及网感和创意能力都提出了明确的要求，部分公司在招聘时明确标明求职者应是短视频重度用户，熟悉抖音、哔哩哔哩等短视频平台，能拍摄内容短视频，网感好，带抖音作品面试，有优秀作品的优先等要求。笔者在调研中发现，广告行业对广告人才的一些要求出现了新的转向，很多公司要求应聘者对数字内容产业有所了解，如在网红、二次元、IP衍生、游戏、影视动画等领域要有所涉猎等。数字内容产业是基于粉丝经济的产业，随着粉丝对于产品的要求越来越高，粉丝运营管理等方面的人才也较为紧缺。

（三）创意红利下的情感营销能力

美国的丹尼尔·平克在《全新思维：决胜未来的6大能力》一书中指出，设计感、故事力、交响力、共情力、娱乐感、意义感是决胜未来的全新思维六大能力，其中共情力是指与他人产生共鸣，理解他人的感受，高感性正从生活的边缘走向生活的中心。① 可见，未来人才的共情力、情商越来越被重视。

数字内容营销传播具有延展性，这种延展性与粉丝的情感迁移和叙事性密切相关，营销人员应具备以社会洞察和消费者洞察为基础的情感营销能力，数字内容与粉丝的关系是基于数字内容产生的品牌共鸣，根据基于顾客的品牌资产金字塔模型，在创建品牌的阶段中，只有处于金字塔塔尖时，才能产生深远价值的品牌共鸣，积累品牌资产。

文案创作也由过去二十年的"洗脑、灌输、重复、装腔"到当下的"扎心、交互、埋梗、真实"，情感营销能力是当下数字内容营销传播人才的必备技能。洞察人性、洞察社会痛点并以此为据启动创意、生产内容、引发话题和传播，这些成为内容生产的通常路径。在这个创意呈现上要借情感展现

---

① 丹尼尔·平克. 全新思维：决胜未来的6大能力［M］. 杭州：浙江人民出版社，2013.

品牌态度、传递品牌价值，这是一种内容与品牌的共同营销，它不同于通常的文案写作，要兼顾双方的营销效果，如何在内容中体现品牌独特价值成为对创意人才的新需求。例如，笔者在调研中发现，莎普爱思的品牌宣传部门的招聘要求是平面设计师要擅长"抓住眼球，一击毙命"，广告文案需要"直抵内心，以一敌十"，微电影大师应擅长"情绪渲染或笑崩，或泪崩，或笑里带着哭，或哭里带着笑"，产品设计师要求"爱不释手，欲罢不能"，营销策划人员需要擅长"围猎高手，步步为营"等。

（四）数字营销下的数字内容数据管理能力

数字经济时代引发了大量的数字内容的增长，数据分布在内容生产、内容管理、内容分发、内容运营和执行各环节，如何让品牌借由数据更好的用内容与消费者进行沟通，是当下营销传播人员的必备技能。在"大数据""用户行为轨迹"成熟的行业环境下，需要营销人更多地探索如何通过数据挖掘帮助品牌做出正确决策、如何降低数据污染对营销计划制定的阻碍、如何获得更准确、更高效的数据反馈。很多广告公司设定了数据分析和数据营销的岗位，目前的营销传播行业迫切需要数据挖掘人才。数据可以让洞察更加准确，找到更容易触达消费者的方式、更合适的场景、更恰当的接触点，更有效地避开噪音，业内需要大量懂创意、懂科技的多元人才，既了解科技、数字内容领域，又在创意、营销传播领域相对专业和精通，可以在数据基础上做出更好的创意和营销方案，帮助品牌更好地解决问题，提升品牌传播效能。猎聘大数据研究院发布的《2022 未来人才就业趋势报告》显示，人工智能、大数据等行业的需求呈现持续爆发之势。随着传统行业的转型升级，各行业对数字化人才的需求都较为迫切，随着元宇宙、人工智能等技术的发展，数字经济推动的行业交叉日益加深，对深谙行业动态、熟悉数字内容营销传播的复合型人才的需求将日益迫切，如表 7-3 所示，数字营销专员、SEO 营销策略师等新的职业可能出现。

表 7-3　营销传播相关数据岗位及职责

岗位	职责
广告数据分析	◇ 监测网络流量分布并做分析 ◇ 策划线上营销计划 ◇ 洞察社会问题和数据捕捉公众情感、情绪
数字营销专员	◇ 评估消费者需求 ◇ 线上渠道运营和营销活动
SEO 营销策略师	◇ 监测并搜集分析访问地数据 ◇ 根据消费者偏好和习惯洞察利基市场 ◇ 预判消费趋势，指导营销策略

资料来源：笔者绘制。

（五）数字内容营销传播"唯流量论"下的自我把关能力

在传统媒体时代，自我把关能力是从业者的基本职业素养，但由于大环境的变化，营销方式日新月异，加上监管滞后，新的流行现象给很多从业者带来困惑，尤其是在唯流量论的诱惑下，有的营销传播人员为了效果，难免从众跟风，成为"三俗"的拥趸，在绩效和复盘数据等压力下，选择迎合"三俗"或用擦边球规避风险，不断试探内容传播的底线，这种方式可能给品牌方、内容方都带来较大风险。对于内容生产者而言，底线是不能弄虚作假、不能违反法律法规底线、不能触碰道德底线、不能违背公序良俗。应在行业内部明确数字内容营销传播底线，从业人员要有自我把关能力。行业倡导或建立行业标准是非常有意义且有必要的，如果整个行业走向靠迎合粉丝或陷入过度的情绪营销导向，最终损害的是整个行业生态。营销传播从业者除了学习了解广告法、合同法、商标法等广告方面的知识，还应学习知识产权、文化娱乐产业等数字内容相关方面的法律知识，遵守底线，提升技能，为品牌数字内容营销传播生态的良性发展提供保障。

以上是数字内容营销传播人才的需求，高校和产业正在不断探索协同育人的新路径，实现产教融合下的互惠共赢，尤其是对于面对诸多新挑战的广告专业人才培养而言，有长效的意义。

二、产教融合共同探索数字内容营销传播人才培养新路径

在 2016 年以后，有部分学者开始关注关于数字内容营销传播人才培养方面的研究，龚先进基于数字内容产业的特征指出，数字内容产业发展所需要的人才包括数字内容营销传播思维的文化产业人才、创作人才、营销推广人才、国际交流人才等类型。[①] 段世馨认为，在文化产业迅速发展的新时期，越来越多的高校顺应形势，完善人才培养教育机制，发挥产教融合和校企合作的新动能培养跨界创新型人才。[②] 公司在产教融合中招募人才，孵化 IP 项目，在校企合作新模式中探索深化产教融合的教育转型，互惠共赢，企业从业者应增强参与教育领域的使命感和责任感。本部分将在以上几个章节分析和业界调研的基础上，加上笔者作为高校教师与用人单位对接学生时的参与式观察，探讨分析数字内容营销传播的人才需求和培养路径。

近年来，随着新媒体的发展，不少传统媒体专业人才转型至短视频、直播、网综等数字内容平台，数字内容的生产、投放运营等人才需求量大，行业内应用型传媒人才需求的转向直接影响了人才培养端，部分高校尤其是传媒类专业开始与业界合作，通过产教融合探索人才培养的新路径，国外有的学校也开始大胆探索，围绕数字内容垂直领域，探索模糊学科边界的全新培养模式。

产教融合由来已久，旨在共享业界资源与高校资源，双方通过建立信任、合作互惠的合作伙伴关系形成长期有效的合作。在具体实施上，可以通过项目制、业界导师制等完善学科建设，提升学生专业技能。学生的创造力和人力资本是企业长足发展的重要支撑，随着越来越多的企业和高校开展深度合

① 龚先进. 泛娱乐产业特征及人才需求类型研究［J］. 淮北师范大学学报（哲学社会科学版），2016，37（4）：39-42.

② 段世馨. 产教融合背景下泛娱乐人才培养的思考——以完美世界产业生态系统为例［J］. 吉林艺术学院学报，2018（2）：40-44.

作，在人才供需的对接上更为顺畅。笔者发现，当下的企业对跨界人才的需求量较大，这为高校的人才培养模式提出了更高的要求，数字内容营销传播的理念给教学上的启发是首先要有大传播、全媒体的宏观思路，高校要尝试打通专业壁垒，探索更多的专业融合教学，如广播电视编导、导演、制片、动画、电子竞技等专业可以通过内容、创意、制作上互通有无，通过教学资源整合、实训平台整合等为学生创作提供更好的跨界融合空间，也可以搭建创意共享平台，在全校公选课上开设融合类课程，让各学科的优势互补，理念融合共享，由此提升学生创作技能。21世纪以来，欧美有的国家已经开始探索打破传统的新闻、广播电视、广告等学科的界限，如美国密歇根州大学的新闻传播学院就把传统的系部设置（Department）改变为学程制（Program），课程不再限定具体媒体，而是采用跨媒体的思维进行设置，这样的培养方法也在美国的威斯康辛大学、伊利诺伊大学、密苏里大学、雪城大学等被应用，它们围绕跨界的思维开始人才培养的新探索。在未来数字媒介日新月异的变革中，在产教融合协同育人共同探索中，广告人才的培养和广告教育框架的重构都在潜移默化地进行着，表现出资源整合和边界泛化的趋势。笔者就此采访了在威斯康辛大学任教的潘忠党教授，他表示："美国很多高校很多年前就开始了这种探索，不再按照具体的媒体划分系科，这也是大势所趋。"

笔者深访了五名在英留学生，并结合相关高校的官网信息，对英国威斯敏斯特大学、伦敦艺术大学等传媒人才培养模式进行分析后发现，英国各高校在广告人才的培养上呈现出媒介融合下学科交融的趋势。例如，威斯敏斯特大学将艺术与设计与上述专业相结合，组成了媒体与传播学院，在专业分布上覆盖了从构思、创作、包装、传播、维护的跨媒介多个领域。比较有代表性的是伦敦艺术大学传媒学院，下设 Design School、Media School、Screen School，其中最有特色的是 2017 年新开设的 Screen School，该学院超越传统的学科设置模式，将电影、电视、游戏、动画、声音艺术、设计、现场活动各学科结合起来，而这些恰恰是数字内容的各细分内容领域，这个学院开拓了数字内容营销传播人才培养的新路径。这些高校人才培养模式的探索或是因品牌营销生态的改变引发的，这是共生中的共同进化，如何培养出能满足新的数字营销趋势和变化的人才，也将成为国内高校营销传播人才培养需要持续思考、探讨、实践、探索的重要命题。

结　语

本书以共生理论为理论框架，以本土的概念和业界实践为基础，运用了生物学中的共生理论，建构了以 IP 内容为核心的数字内容营销传播生态圈模型，这一模型为更好地理解各要素的关系提供了参考框架。当元宇宙、NFT等新的数字内容平台、数字内容形式不断涌现时，一个崭新的充满未知又时而模糊的未来似乎就在当下之海的彼岸，新的生态和新的法则也可能被重新定义，但异质共生、相互依存的法则，边界消失、共同进化等都决定了新的品牌数字营销势必将迎接更大的挑战。

（一）异质共生和相互依存是数字内容营销传播生态体系的基本法则

异质共生和相互依存已成为人类社会的基本法则，随着数字内容产业生态的初步形成和日趋升级，互联网产业、数字内容产业、广告行业多行业共生密度和频度日趋加深。传统的营销传播理念更多偏重各方的利益诉求，当下的数字内容营销传播生态体系注重异质共生和相互依存，品牌方、代理方、服务方、平台方在实践探索中或主动进击或被动应战，在数字化变革中在内容勾连中于协同进化中建立起多样的共生关系，数字内容打破形式藩篱、突破行业区隔，成为内容与品牌交融共存、用户和品牌方协同共创的核心要素。

（二）共生关系导向的战略管理是数字内容营销传播生态的主要特点

共生生态时代到来后，品牌数字内容营销传播应当深化共生关系思维，包括品牌与内容的关系、品牌与品牌的关系、品牌与用户的关系、品牌与代理方的关系、品牌与平台方的关系以及品牌与服务方的关系，这些关系通过数字内容聚合在一起。不管是品牌方还是内容方，应从共生关系导向进行宏观品牌战略管理，在大数据、人工智能等技术的辅助下更好地与共生伙伴共创价值。本书重点以品牌如何与内容的共生关系当作切入点，从二者的共生动因、共生关系、适配评估、效果评估等方面进行研究，提出了共生关系导向的数字内容营销传播战略管理模型、前期合作价值评估六力模型和事后营销传播效果评估的黄金三角模型。

未来的竞争是生态化的竞争，品牌应当从实体思维向关系思维转向，从竞争思维向共生思维转向，开放的、双向的、对话的、交往的品牌关系是生态视角下的营销传播的主要特点，在营销传播实践上，品牌从保守到有创造性，从封闭到开放，从单一到多样，从依附性到共生性，共生理论为这种关系的转向提供指引，帮助品牌深入思考。从生态体系中思考营销传播的方向，生态圈中的每个圈层每个构成要素都彼此关联，充满多种合作的可能。

（三）IP 品牌是数字内容营销传播生态的跨界限沟通要素

本书将 IP 品牌看作整个生态的核心，处于各圈层的中枢位置，它作为一种跨越界限的沟通要素，是整个生态的聚合点，引发了各行业的融合和组织变革。按照布迪厄的场域理论，数字内容营销传播生态就是一个场域，IP 是一个可以撬动产业的行动者，正在改变整个品牌营销传播的生态。

IP 品牌本身的界定与其价值、作用需要学界和业界重新审视，除了它在情感沟通中的中介力量、粉丝迁移等作为传播媒介的作用之外，更应从它对整个生态上的宏观视角、企业组织变革、营销传播趋势变化等中观视角进行分析。首先，IP 品牌是一种文化创意品牌，有其特殊的品牌营销传播规律。其次，IP 是一种特殊的内容品牌，在企业组织内部，IP 品牌作为新的核心，促进了组织架构、组织愿景等新的变革，是组织变革的催化剂，成为品牌方、平台方、服务方等各方组织架构的聚合点和产业生态布局的聚合点。最后，在企业组织外部，IP 在异质行业上发挥重要凝聚、黏合的跨界限沟通要素的作用。IP 品牌作为核心推动了创意产业和传统产业等异质行业的融合，是在移动互联网时代可以打通多领域壁垒的沟通元，是互联网和大数据时代的跨界链条，是传统传播渠道改变后移动互联网时代带来的产业融合，帮助品牌整合和打通通道，是注意力经济时代粉丝吸纳资本的磁石，是中国本土产业化市场自育的产物，是大数据时代品牌数字生态的核心。

当品牌与内容共生，品牌的营销传播逻辑应遵循内容传播规律，数字内容营销传播用 IP 品牌打破产业壁垒，流通于各平台，IP 品牌化运营和品牌 IP 化运营，以及 IP 和品牌共生共赢是品牌生态圈未来发展的必然趋势。

（四）边界消失、共同进化是数字内容营销传播生态的未来发展趋势

传统广告行业中的"甲方"和"乙方"等指代品牌主、广告公司的委托与被委托关系的行业词汇未来在迭代中或将告别历史舞台，因为各种边界的消失，未来将出现一个个的共有品牌。"广告与内容正逐步融合，彼此之间的边界正在消失，这就是广告的内容化。"① 广告与内容成了命运共同体一般的"共牌"新关系，"共牌"即共有品牌、共创品牌、共享品牌，是未来数字内容营销传播的传播要义，循规蹈矩的营销传播将被突破，品牌营销传播战略、策略的制定也将被重新思考和定义。数字内容营销传播生态给品牌提供的不只是内容和形式上的整合，更是共生导向的战略管理和以 IP 为核心的行业变革，未来的品牌可能不再单打独斗，将更多地出现共生关系的共有品牌，生态圈内将会出现一个个的品牌共同体，这是未来数字内容营销传播生态的发展趋势。这一趋势对未来广告人才培养提出了更高的要求，未来的创意人，在洞察人性、洞察社会，恪守法律和道德底线的前提下，尤其需要具备共生思维、品牌战略思维和数字创意能力。

理论上，本书首先尝试对立足本土实践的概念进行了界定和梳理，提出了数字内容营销传播的概念，分析其特点并构建了品牌数字内容营销传播的生态圈模型，为深度解析本土营销传播实践做出了初步探索。其次，本书从

---

① 丁俊杰. 广告的内容化［J］. 中国广告，2018（7）：68-69.

生态学的视角为本土的品牌营销传播研究引入了新的理论框架，开拓了研究视域。本书借用生物学中的生态理论和共生理论分析品牌与数字内容之间的关系，分析二者的共生环境、共生模型、共生模式、共生风险和协同进化趋势，为审视当下多种形态的营销传播现象和规避风险、预判走向提供了理论工具；另外，本书引入了西方的跨媒介叙事理论，在繁杂现象中为品牌营销传播梳理出较为清晰的理论动线图。

在实践上，本书尝试从品牌战略管理的视角，为品牌进行数字内容营销传播提出战略模型和风险管理清单，总结了品牌数字内容营销传播实施策略和共生模式，为品牌方、内容方、平台方、代理方的业界实践提供理论支撑。

外部生态环境的不断发展变化影响着广告行业、内容行业，广告行业在技术迭代和消费者增权的时代正在发生动态的变化，生态学为这种动态变化提供了全面的分析视角，本书立足数字内容营销传播生态，以共生理论为依据提出了数字内容营销传播战略模型和营销传播策略，本书建构的前期合作价值评估六力模型、事后营销传播效果评估黄金三角评估模型以及品牌数字内容营销传播的七大策略，为业界提供了理论工具。本书前期研究基础薄弱，研究主体作为业界的新兴趋势也有多变性和即时演进性，因而尚属探索性研究，各部分的分析都需要在今后的研究中继续跟进并深化提升。在生态圈各生态系统的分析中，本书仅从宏观上进行分析，尤其是在核心生态系统中的内容生态和用户生态方面的研究仍有很大的研究空间，二者的互动关系尚待深入剖析和挖掘。另外，本书把重心放在新媒体平台内容上，在传统媒体的内容生态的变革上着墨不足。在数字内容营销传播战略管理部分，本书建构了前期合作价值评估的六力模型和事后营销传播效果评估的黄金三角模型，但目前未能将各维度指标进行细致量化，具体操作性不足，尤其在数字内容营销传播的效果评估上尚待完善，本书未能找到具体量化的评估数据维度和模型，仅从宏观上提出了评估模型和风险清单等，在后续的研究中需要继续深化补充。

在今后的研究中，笔者要结合哲学、经济学、心理学、法学等多学科的维度对数字内容营销传播进行更多的深入研究，继续丰富其理论框架，从而更好地为业界实践提供学术滋养。未来，从生态学视角开展 IP 品牌与其他产业的融合研究也将成为重点，如 IP 品牌与制造业、IP 品牌与农业、IP 品牌与文旅产业等，IP 品牌如何撬动各行业的变革与其共同进化，在强调产业融合、媒体融合的当下有较强的应用价值和理论价值。

参考文献

［1］ Adler L. Symbiotic Marketing ［J］. Harvard Business Review, 1966, 44 (6): 59-71.

［2］ Ahmet Andac, Ferdi Akbiyik, Ahmet Karkar. Customer Satisfaction Factor in Digital Content Marketing: Isparta Province as an Example ［J］. International Journal of Social Science Studies, 2016, 4 (5): 124-135.

［3］ A New Way to Fuel B2C Inbound Marketing［EB/OL］. ［2017-09-13］. http: //www. business2community. com/marketing/transmedia－storytelling－new－way-fuel.

［4］ Carlton Matthew. Insight: Media Storytelling－Transmedia Tales Build Consumer Relations ［J］. Campaign Asia-Pacific, 2012, 5: 24.

［5］ DeMartino Nick. How to Become a Transmedia Designer for Your Brand ［J］. Communication World, 2013, 30 (2): 23-25.

［6］ Du Plessis C. Prosumer Engagement Through Story-making in Transmedia Branding ［J］. International Journal of Cultural Studies, 2019, 22 (1): 175-192.

［7］ Ewalat D M. Once upon a Soda ［J］. Forbes, 2013, 2 (11): 39-40.

［8］ Feiereisen Stephanie, Rasolofoarison Dina, Russell Cristel Antonia, Schau Hope Jensen. One Brand, Many Trajectories: Narrative Navigation in Transmedia ［J］. Journal of Consumer Research, 2021, 12 (48): 651-681.

［9］ Freberg M K. Book Review: Transmedia Branding: Engage Your Audience, by Burghardt Tenderich and Jarried Willams [J] . Journalism & Mass Communication Educator, 2016, 71 (2): 249-251.

[10] González-Rojas O, Correal D, Camargo M. ICT Capabilities for Supporting Collaborative Work on Business Processes within the Digital Content Industry [J] . Computers in Industry, 2016, 80: 16-29.

[11] Granitz N, Forman H. Building Self-brand Connections: Exploring Brand Stories through a Transmedia Perspective [J] . Forman, Howard Journal of Brand Management, 2015, 22 (1): 38-59.

[12] Henry Jenkins. Convergence Culture: Where Old and New Media Collide [M] . New York: New York University Press, 2006.

[13] Hollebeek L D, Macky K. Digital Content Marketing's Role in Fostering Consumer Engagement, Trust, and Value: Framework, Fundamental Propositions, and Implications [J] . Journal of Interactive Marketing, 2019, 2: 27-41.

[14] Holliman G, Rowley J. Business to Business Digital Content Marketing: Marketers' Perceptions of Best Practice [J] . Journal of Research in Interactive Marketing, 2014, 8 (4): 269-293.

[15] Huang Christine. Four Tips for Brands Embracing the New Methods of Storytelling [J] . Advertising Age, 2009, 80 (40): 13.

[16] Hudson S, Hudson D. Branded Entertainment: A New Advertising Technique or Product Placement in Disguise? [J] . Journal of Marketing Management, 2006, 22 (5): 489-504.

[17] Ilhan B E. Transmedia Consumption Experiences: Consuming and Co-creating Interrelated Stories Across Media [EB/OL] . http: //hdl. handle. net/ 2142/26398.

[18] Jean-Marc Lehu, Étienne Bressoud. Recall of Brand Placement in Mo-

vies: Interactions between Prominence and Plot Connection in Real Conditions of Exposure [J]. Rechercheet Applicationsen marketing (Erglish Edition), 2009: 7-26.

[19] Khermouch Gerry, Green Jeff. Buzz Marketing: Suddenly This Stealth Strategy Is Hot-But It's Still Fraught with Risk [J]. Business Week, 2001, 6: 50.

[20] Lorenz C. The Design Dimension: The New Competitive Weapon for Product Strategy and Global Marketing [M]. New Jersey: Blackwell, 1990.

[21] McAlexander J H, Schouten J W, Koenig H F. Buiding Brand Community [J]. Journal of Marketing, 2002, 66 (1): 38-54.

[22] McGuinness P. The People Formerly Known as the Audience: Power Shifts in the Digital Age [J]. Communication Research and Practice, 2016, 2 (4): 520-527.

[23] Moravčíková D, Križanová A. The Future of Online and Offline Marketing Communication-transmedia Stroytelling in the Branding Process [J]. Marketing Identity, 2017 (1): 164-175.

[24] NFT 作品《每一天：前 5000 天》拍出高价：NFT 为何火爆？[N/OL]. (2021-03-27). [2022-06-30]. https: //baijiahao. baidu. com/s? id = 1695368864418177407&wfr = spider&for = pc.

[25] Pratten Robert. Getting Started in Transmedia Storytelling: A Practical Guide for Beginners [M]. New York: CreateSpace Independent Publishing Platform, 2015.

[26] Rose R, Pulizzi J. Managing Content Marketing: The Real – World Guide for Creating Passionate Subscribers to Your Brand [M]. Content Marketing Institute, 2011.

[27] Rakić B, Rakić M. Digital Content Marketing for Organisations as Buyers [J]. Ekonomika, Journal for Economic Theory and Practice and Social Issues,

2014，1：109.

　［28］ Scolari C A. Transmedia Storytelling：Implicit Consumers，Narrative Worlds，and Branding in Contemporary Media Production ［J］. International Journal of Communication，2009，3（3）：586-606.

　［29］ Van Dijck J. Users Like You？Theorizing Agency in User-Generated Content ［J］. Media，Culture，and Society，2009，31（1）：41-58.

　［30］ Wu J，Wen N，Dou W，Chen J. Exploring the Effectiveness of Consumer Creativity in Online Marketing Communications ［J］. European Journal of Marketing，2015，1：262-276.

　［31］ Yon G J，Sohn S Y. Structural Equation Model for Effective CRM of Digital Content Industry ［J］. Expert Systems with Applications，2008，34（1）：63-71.

　［32］ 2017—2021 年全球娱乐及媒体行业展望 ［R］. 普华永道，2017.

　［33］ 2019—2020 中国数字出版产业年度报告 ［EB/OL］. https：//baijiahao. baidu. com/s？id＝1707217981664461657&wfr＝spider&for＝pc.

　［34］ 埃尔·李伯曼，帕特丽夏·艾斯盖特. 娱乐营销革命 ［M］. 谢新洲等，译. 北京：中国人民大学出版社，2003.

　［35］ 安妮塔·艾尔伯斯. 爆款：如何打造超级 IP ［M］. 杨雨，译. 北京：中信出版社，2016.

　［36］ 艾拉·考夫曼. 数字时代的营销战略 ［M］. 北京：机械工业出版社，2017.

　［37］ 昌荣传播. 滴滴玩转年轻 IP　跨界营销顺势发力 ［J］. 广告人，2017（4）：112-114.

　［38］ 常江，徐帅. 亨利·詹金斯：社会的发展最终落脚于人民的选择——数字时代的叙事、文化与社会变革 ［J］. 新闻界，2018（12）：4-11.

　［39］ 陈春花，赵海然. 共生：未来企业组织进化路径 ［M］. 北京：中信出版社，2018.

［40］陈刚. 走向数字营销实战的广告教育创新［J］. 青年记者，2016（25）：67-68.

［41］陈刚，潘洪亮. 重新定义广告：数字传播时代的广告定义研究［J］. 新闻与写作，2016（4）：24-29.

［42］陈刚，沈虹等. 创意传播管理——数字时代的营销革命［M］. 北京：机械工业出版社，2012.

［43］陈历清. 品牌势能：数字时代品牌升级的九大法则［M］. 北京：企业管理出版社，2018.

［44］程大涛. 基于共生理论的企业集群组织研究［D］. 杭州：浙江大学博士学位论文，2003.

［45］程丽蓉. 跨媒体叙事：新媒体时代的叙事［J］. 编辑之友，2017（2）：54-58.

［46］程武. 泛娱乐时代的五个趋势［R］. 北京：UP2015 腾讯互动娱乐年度发布会，2015.

［47］程武，李清. IP 热潮的背后与泛娱乐思维下的未来电影［J］. 当代电影，2015（9）：17-22.

［48］达米安·瑞安. 理解数字营销［M］. 高兰凤，译. 北京：电子工业出版社，2017.

［49］戴维·阿克. 创建强势品牌［M］. 李兆丰，译. 北京：机械工业出版社，2012.

［50］丹尼尔·平克. 全新思维：决胜未来的 6 大能力［M］. 杭州：浙江人民出版社出版，2013.

［51］丁俊杰. 广告的内容化［J］. 中国广告，2018（7）：68-69.

［52］丁俊杰. 广告公司的前生与来世［J］. 中国广告，2017（9）：92-93.

［53］丁俊杰. 中国广告业当下的主要矛盾是什么［J］. 中国广告，

2017（12）：67-68.

[54] 窦平安. 电子商务语义信息共享模式［D］. 长春：吉林大学博士学位论文，2009.

[55] 窦文宇. 内容营销：数字营销新时代［M］. 北京：北京大学出版社，2021.

[56] 杜国清，邵华冬. 消费者增权下的广告主社会化媒体运作策略分析与展望［J］. 现代传播，2014，36（1）：104-109.

[57] 短视频的下半场. 品牌蓝海新招数［N/OL］. 广告门，（2019-8-27）［2022-06-30］. https：//creative. adquan. com/show/287138.

[58] 范定希. B2B 品牌形象建构与传播研究［D］. 上海：上海大学博士学位论文，2017.

[59] 范周. 数字经济下的文化创意革命［M］. 北京：商务印书馆，2019.

[60] 菲利普·科特勒，凯文·莱恩·凯勒. 营销管理［M］. 北京：中国人民大学出版社，2012.

[61] 冯华，温岳中. 产业链视角下的我国文化产业发展［J］. 国家行政学院学报，2011（5）：82-86.

[62] 冯珊珊. 飞扬：打造泛娱乐生态运营平台［J］. 新三板，2017（10）：46-49.

[63] 高德. 超级 IP：互联网时代的跨界营销［M］. 北京：现代出版社，2016.

[64] 工信部. 2017 年中国泛娱乐产业白皮书［EB/OL］. IT 中文互联网数据资讯中心，http：//www. 199it. com/archives/644523. html.

[65] 宫承波，刘姝，李文贤. 新媒体失范与规制论［M］. 北京：中国广播电视出版社，2010.

[66] 顾雷雷. 品牌资产理论在中国的发展阶段划分与特征［J］. 经济

学家，2015（12）：24-33.

［67］顾文彬．中国泛娱乐产业快速增长［J］．软件和集成电路，2017（4）：77-79.

［68］韩红星，杨晨．连接与共创：行业转型下的学科生态重构——基于社交媒体时代美国广告教育的研究［J］．广告大观（理论版），2019（1）：83-92.

［69］亨利·詹金斯．融合文化：新媒体和旧媒体的冲突地带［M］．杜永明，译．周宪，许钧主编．北京：商务印书馆，2012.

［70］亨利·詹金斯．文本盗猎者：电视迷与参与式文化［M］．郑熙青，译．北京：北京大学出版社，2016.

［71］胡正荣．内容生态及其良性发展［J］．新闻与写作，2018（10）：卷首语．

［72］胡正荣，王天瑞．平台链：打通内容生态的产品链、供应链与价值链［J］．中国广播电视学刊，2022（1）：32-35.

［73］黄升民，谷虹．数字媒体时代的平台建构与竞争［J］．现代传播，2009（5）：20-27.

［74］贾晶晶．互联网时代泛娱乐发展研究［D］．长沙：湖南大学硕士学位论文，2016.

［75］江小妍，王亮．泛娱乐环境下的IP运营模式研究［J］．科技与出版，2016（5）：23-27.

［76］蒋建华．融媒体语境下影视传播价值链的演变［J］．新闻界，2017（6）：90-94.

［77］凯文·凯利．失控：全人类的最终命运和结局［M］．北京：新星出版社，2011.

［78］凯文·莱恩·凯勒．战略品牌管理［M］．卢泰宏，吴水龙，译．北京：中国人民大学出版社，2009.

［79］赖建都. 台湾广告教育半世纪的成长与蜕变［J］. 广告大观（理论版），2018（6）：18-26.

［80］赖元薇. 全球品牌利用社交媒体内容营销提升品牌忠诚度的机制研究［D］. 北京：对外经济贸易大学博士学位论文，2017.

［81］冷志明，张合平. 基于共生理论的区域经济合作机理研究［J］. 未来与发展，2007（6）：15-18，24.

［82］李斐飞. 价值重构：数字时代广告公司商业模式创新研究［D］. 武汉：武汉大学博士学位论文，2017.

［83］李侃. IP 的"误区"与跨媒介叙事［J］. 电影新作，2018（5）：34-38.

［84］李名亮. 广告公司经营模式转型研究［D］. 上海：上海大学博士学位论文，2014.

［85］李平，曹仰锋. 案例研究方法：理论与范例——凯瑟琳·艾森哈特论文集［M］. 北京：北京大学出版社，2012.

［86］李三水. 中国独立创意联盟（CIA）创始记［Z］. W 的创造者们，2017.

［87］李艳，宋余庆，陆介平. 国内外海洋工程装备产业专利竞争力分析——基于生态圈的视角［J］. 现代情报，2016，26（9）：151-158.

［88］李燕. 共生教育论纲［D］. 济南：山东师范大学博士学位论文，2005.

［89］李冶江等. 数字内容管理［M］. 武汉：武汉大学出版社，2021.

［90］李正良，赵顺. 影视业 IP 热背景下的冷思考［J］. 电视研究，2016（2）：62-64.

［91］梁媛媛. 跨媒介叙事视域下的 IP 运营模式研究［D］. 武汉：华中科技大学博士学位论文，2017.

［92］廖秉宜. 数字内容营销［M］. 北京：科学出版社，2019.

［93］林升梁．整合品牌传播学［M］．厦门：厦门大学出版社，2008.

［94］凌丹．基于共生理论的供应链联盟研究［D］．长春：吉林大学硕士学位论文，2006.

［95］刘峰．大数据时代的电视媒体营销研究［D］．上海：华东师范大学博士学位论文，2014.

［96］刘润进，王琳．生物共生学［M］．北京：科学出版社，2018.

［97］刘珊，丁俊杰．2018 年传媒产业趋势谈［J］．新闻与写作，2018（7）：30-35.

［98］刘馨蔚．IP 产业"井喷"，"共营"险中求［J］．中国对外贸易，2017（6）：64-65.

［99］罗伯特·K. 殷．案例研究方法的应用（第 3 版）［M］．周海涛，夏欢欢，译．重庆：重庆大学出版社，2014.

［100］罗伯特·K. 殷．案例研究：设计与方法（第 5 版）［M］．周海涛，史少杰，译．重庆：重庆大学出版社，2017.

［101］马涛，周艳，聂乃知．内容破局："互联网下半场"的营销创新［J］．新闻与写作，2018（2）：43-48.

［102］米克·巴尔．叙述学：叙事理论导论［M］．谭君强，译．北京：中国社会科学出版社，2003.

［103］米切尔·J. 沃尔夫．娱乐经济——传媒力量优化生活［M］．黄光传，郑盛华，译．北京：光明日报出版社，2002.

［104］倪宁，金韶．大数据时代的精准广告及其传播策略——基于场域理论视角［J］．现代传播（中国传媒大学学报），2014，36（2）：99-104.

［105］潘天群．合作之道．博弈中的共赢方法论［M］．北京：北京大学出版社，2010.

［106］彭兰．智能时代的新内容革命［J］．国际新闻界，2018（6）：88-109.

［107］泊明. 所有营销都是娱乐营销［M］. 广州：花城出版社，2015.

［108］邱于芸. 故事与故乡. 创意城乡的十二个原型［M］. 台北：远流出版公司，2012.

［109］戎彦. 玩广告：广告娱乐传播革命［M］. 杭州：浙江大学出版社，2012.

［110］沈蕾，何佳婧. 平台品牌价值共创：概念框架与研究展望［J］. 经济管理，2018，40（7）：193-208.

［111］沈帅波. 2019年半年报：中国商业正在发生两个根本变化［Z］. 进击波，2019.

［112］沈亚运. 文化创意产业发展困境分析与品牌塑造途径——基于文化叙事学角度［J］. 文化艺术研究，2016，4（2）：17-21.

［113］施畅. 跨媒体叙事：盗猎计与召唤术［J］. 北京电影学院学报，2015（Z1）：98-104.

［114］施春来. 基于大数据的品牌生态圈重构［J］. 企业经济，2015（7）：10-13.

［115］宋观. 纪录片与品牌传播［J］. 国际公关，2015（4）：58-59.

［116］宋海燕. 娱乐法［M］. 北京：商务印书馆，2014.

［117］谭爽，康迪. 品牌即IP广告主梦想［J］. 成功营销，2016（6）：24-26.

［118］汤姆·布莱科特，鲍勃·博德. 品牌联合［M］. 于琦，译. 北京：中国铁道出版社，万卷出版公司，2006.

［119］唐E. 舒尔茨等. 重塑消费者——品牌关系［M］. 沈虹，郭嘉等，译. 北京：机械工业出版社，2015.

［120］唐昊. 媒介融合时代的跨媒介叙事生态［J］. 中国出版，2014（24）：28-31.

［121］王朝晖，陈昶君. 衍生产品在传媒价值链中的作用分析［J］. 生

态经济，2007（2）：451-453.

［122］王靖杰．数字化品牌运营［M］．北京：人民邮电出版社，2018.

［123］王桔英．我国银企共生关系分析［D］．长沙：湖南大学硕士学位论文，2007.

［124］王军．传媒法规与伦理［M］．北京：中国传媒大学出版社，2010.

［125］王森．基于内容生态的品牌营销研究［D］．北京：北京交通大学硕士学位论文，2017.

［126］王世进，胡守钧．共生哲学论纲［J］．长安大学学报（社会科学版），2016，18（3）：71-84，123.

［127］王爽．互联网与文化生产、推广和消费研究［D］．济南：山东大学博士学位论文，2016.

［128］王艳．论网络时代泛娱乐全产业链创意建构——以浙产IP盗墓笔记为案例的研究［C］//2017年中国创意设计峰会论文集，2017.

［129］王周伟．风险管理［M］．北京：机械工业出版社，2017.

［130］温克勒．快速建立品牌：新经济时代的品牌策略［M］．赵怡等译．北京：机械工业出版社，2000.

［131］吴声．超级IP：互联网新物种方法论［M］．北京：中信出版社，2016.

［132］解学芳，徐丹红．NFT艺术生态链拓展与数字治理：基于参与式艺术视角［J］．南京社会科学，2022（6）：154-163.

［133］西蒙·兰卡斯特．感召力［M］．田金美，洪云，译．北京：北京联合出版公司，2016.

［134］向勇．"创意者经济"引领数字文化产业新时代［J］．人民论坛，2020（19）：130-132.

［135］向勇．文化产业创意经理人角色及其胜任力模型构建意义研究

［J］．国际文化管理，2013（1）：122-129.

［136］向勇．文化产业导论［M］．北京：北京大学出版社，2015.

［137］向勇．文化产业融合战略：一源多用与全产业价值链［J］．新美术，2014，35（4）：20-26.

［138］向勇，白晓晴．新常态下文化产业IP开发的受众定位和价值演进［J］．北京大学学报（哲学社会科学版），2017，54（1）：123-132.

［139］徐静，丁建辉．论和谐广告传播生态环境的构建［J］．中国广告，2007（7）：145-147.

［140］延森．媒介融合：网络传播、大众传播和人际传播的三重维度［M］．刘君，译．上海：复旦大学出版社，2012.

［141］阳翼．数字营销（第2版）［M］．北京：中国人民大学出版社，2019.

［142］杨东念．品牌传播战略：数字时代的整合传播计划［M］．梁雨晨，译．北京：科学出版社，2013.

［143］杨烨炘．改变传统模式的十种革命［J］．声屏世界·广告人，2015（4）：46-47.

［144］姚海凤．互联网+娱乐：泛娱乐产业崛起［J］．互联网经济，2016（5）：34-39.

［145］亿欧智库．NFT本土化尝试——2022中国数字藏品行业研究报告［EB/OL］．（2022-06-01）［2022-06-30］．https：//www.iyiou.com/research/20220601997.

［146］易绍华．数字化背景下中国电视媒体的网络化生存研究［D］．武汉：武汉大学博士学位论文，2009.

［147］尹鸿，王旭东，陈洪伟，冯斯亮．IP转换兴起的原因、现状及未来发展趋势［J］．当代电影，2015（9）：22-29.

［148］尤建新，王岑岚．价值共创的理论与实践：基于"共振"视角的

综述〔J〕．上海管理科学，2018，40（4）：1-5．

〔149〕于颖．产业集群品牌生态系统协同进化研究〔D〕．沈阳：辽宁大学博士学位论文，2013．

〔150〕余明阳，朱纪达，肖俊松．品牌传播学〔M〕．上海：上海交通大学出版社，2016．

〔151〕喻国明，潘佳宝．"互联网"环境下的中国传媒经济的涅槃与重生——2015年中国传媒经济研究的主题与焦点〔J〕．国际新闻界，2016（1）：42-52．

〔152〕约翰·菲斯克．理解大众文化〔M〕．北京：中央编译出版社，2006．

〔153〕詹姆斯·穆尔．竞争的衰亡：商业生态系统时代的领导与挑战〔M〕．梁骏，译．北京：北京出版社，1999．

〔154〕张虹．"互联网+"背景下服装品牌IP开发与运营研究〔J〕．丝绸，2017（11）：37-43．

〔155〕张骅，范玉刚．媒介融合境遇下的数字艺术发展特征与趋势探究〔J〕．中国文艺评论，2021（8）：93-101．

〔156〕张慕萍．马克思社会发展理论在中国的创新与实践〔J〕．高校马克思主义理论研究，2018，（4）：52-61．

〔157〕张瑞．自媒体时代网红传播的特征、存在问题及对策研究〔J〕．传媒，2016（16）：87-89．

〔158〕张树庭，吕艳丹．有效的品牌传播〔M〕．北京：中国传媒大学出版社，2008．

〔159〕张卫星，朴玉，孔令峥．文化创意企业品牌延伸对母品牌形象回溯研究〔J〕．北京财贸职业学院学报，2015，31（3）：34-38．

〔160〕张新军．数字时代的叙事学：玛丽-劳尔·瑞安叙事理论研究〔M〕．成都：四川大学出版社，2017．

［161］张新田．复杂多变的中国泛娱乐直播行业［J］．记者观察（上半月），2017（5）：70-74.

［162］赵斐．2003—2010中国数字付费电视频道发展研究［D］．济南：山东大学博士学位论文，2011.

［163］赵光武．后现代主义哲学评述［M］．北京：西苑出版社，2000.

［164］赵鹏，米高峰．跨媒介叙事视角下的IP运营及策略［J］．电影文学，2017（23）：18-20.

［165］赵文晶，崔凌志．融合文化环境下IP品牌形象塑造模式研究［J］．中国出版，2017（6）：48-51.

［166］郑亚萍．媒介融合视域下的跨媒介叙事研究——以网络IP勇者大冒险为例［D］．成都：西南交通大学硕士学位论文，2018.

［167］中华人民共和国国家发展和改革委员会公告［EB/OL］．https：//www.ndrc.gov.cn/xxgk/zcfb/gg/201702/t20170204_961174.html？code＝&state＝123.

［168］中国互联网络信息中心．第49次中国互联网网络发展状况统计报告［R/OL］．（2022-02-25）［2022-04-30］．https：//www.cnnic.net.cn/n4/2022/0401/P020220721404263787858.pdf.

［169］周茂君．数字营销概论［M］．北京：科学出版社，2019.

［170］周艳，龙思薇．内容银行：从学术概念、框架到产业实践［J］．现代传播（中国传媒大学学报），2016（3）：113-117.

［171］周志平．媒体融合背景下数字内容产业创新发展研究［M］．杭州：浙江工商大学出版社，2017.

［172］周子钰．大众文化视野中的网络文学IP［J］．文艺评论，2017，8（15）：119-123.

［173］朱珊．IP背后，这趟快车到底是什么［J］．成功营销，2016（6）：16-19.